六合叢書

此时怀抱向谁开

袁一丹

目录

小引 001

第一辑

历史的转调与滑音：赵元任在1919 007
民国学术圈的"里子"：寻找汤尔和日记 018
"书房一角"：周作人阅读史初探 032
周作人与胡适的"方外唱和" 054
沦陷下的顾随与周作人 070
周作人与傅斯年的交恶 088
再论钱玄同的"晚节" 102

第二辑

北平沦陷的瞬间：从"水平轴"的视角 121
声音的风景：北平"笼城"前后 141
沦为"孤岛"的教会大学 156

作为政治史迹的"庚戌桥" 174

傅增湘与"蓬山话旧" 189

瞿兑之与掌故学 199

第三辑

弥散性思想：一种模糊史学 211
——读王汎森《思想是生活的一种方式》

"去道德化"的陷阱 223
——评卜正民《秩序的沦陷：抗战初期的江南五城》

被告席的比喻 234
——读木山英雄《北京苦住庵记》

"极人情之致而曲尽之" 241
——读赵园《家人父子》

"虽复轻采毛发，深极骨髓" 252
——读张文江《〈史记·太史公自序〉讲记》

哀时竟止钩沉史 259
——读周策纵《五四运动：现代中国的思想革命》

绣花针与狼牙棒 273
——读陈平原《作为一种思想操练的五四》

"黑暗涧谷"上造塔 282
——评姜涛《公寓里的塔：一九二〇年代中国的文学与青年》

小引

"此时怀抱向谁开",取自顾随之词,作于北平沦陷时期。借为书题,因此集所录之文,多探求明暗之间的历史,微婉隐曲的表达,及历史中人欲言还止的心事。

写作这些论文之外的文字,出于一些偶然的机缘。读书期间曾被导师批评只会写两三万字的长文,放不下论文的架子。确实在现今的研究条件及学术训练下,要把文章撑长不是什么难事,能把文章写短才是真本领。被学院体制规训出来的青年学者,大多不会写短文章,也没有兴致写短文章。按学院内的游戏规则,在非正规学术期刊上发表的文字,大部分不计入考核。青年学者在解决晋升问题前,不得不盯着权威核心期刊,被课题计划绑架着向前走,自然没有余暇去写这些什么都不算的文字。

写作这些文章的契机,一开始缘于师友的鼓励,幸运的是,也正好赶上纸媒的黄昏。有可信赖的学术平台,才有持续写作的动力。在新媒体全面崛起、搅动学术生态之前,有公信力的纸媒仍是学术共同体对外发言的主要渠道。

为报刊写文章,始于《北京青年报》设立"星期学术"版。至今记得在地铁站内接到一个陌生电话,态度谦和,自我介绍说是《北青报》社的编辑陈国华。接完电话才反应过来,陈国华不就是《故国人民有所思》的作者陈徒手。在《北青报》上发表的第一篇文章,写卢沟桥事变前后的声音风景,据说反响不错。于是与《北青报》结缘,试着将自己的学术思考转换为更有弹性的文字。《北青报》对作者的尊重,排版之用心,都为文章增色不少。

为报刊写文章,可以锻炼论文之外的另一幅笔墨,也有助于养成读者意识,慢慢知道是为谁而写。此前写论文,时常"目中无人",不会考虑一般读者的感受。为报刊作文,则需悬想专业外的读者是否对此问题感兴趣,怎样进入你的话题,如何调整叙事节奏不让读者感觉乏味。报刊之文涉及的话题,肯定在自己学术研究的延长线上,但绝不是论文的通俗改编版,也不是把做论文剩下的边角料烩成一盘端上来。每家报刊都有自己相对稳定的作者群与读者群,能否与之持续合作,取决于你的学术趣味与文章趣味是否与之契合。

除了《北青报》,本书收录的学术随笔及书评主要刊发在《读书》杂志及《上海书评》。这一报一刊在学界的口碑自不必多言,难得的是能给青年学者发言空间。迈过《读书》及《上海书评》的门槛,也为我这方面的学术写作提出了更高的自我要求,争取一篇有一篇的面目。最初在《读书》上发表的《周作人与傅斯年的交恶》，缘于赴台湾开会时于朱家骅档案中发现的一份档案。而在《上海书评》上初次亮相的《民国学术圈的"里子"》一文，原题为"寻找汤尔和日记"，背后也有一段曲折的学术寻访经历。这两篇文章都不纯是书斋内的考据。2017年《上海书评》纸质版停刊，归入澎湃旗下，在我个人看来，似乎意味着纸媒的黄昏临近尾声。新媒体的辐射面及传播速度当然是纸媒难以企及的，但积习难改，我仍愿做纸媒时代的"遗民"。

本书收录的文章，在对象及写法上都兼及文、史两方面，似有"脱文入史"的倾向，实则止于一种"横跨"的姿态，一只脚迈出去了，还有一只脚留在门内。"横跨"的姿态，既不舒服，也不优雅，徘徊于文史之间，这样的蝙蝠派或许到头来两边都不承认。所谓"文史互通"，在我看来，乃是就个人关切的问题，去界定你所谓的"文"，并去独自构筑与"文"贴合的"史"。

文史互通，通向何处？其交汇处或许在作为研究对象的人身上。对人——特别是历史中人的理解，不该被学科、家法所拘囿。潘光旦有几句话说得很精彩："人的了解必须是囫囵的，不囫囵不足以为了解"；"研究必须有囫囵的对象，囫囵的人，以至于人所处的某一时空段落里的囫囵的情境"。文史研究的对象本应是"囫囵"的人、"囫囵"的情境，而非被文学、思想、政治等切割的人事。

本书侧重于1937至1945年间，沦陷下的人事与风景。第一辑以人物为中心，探究沦陷下知识阶层的伦理境遇与修辞策略；第二辑以空间为单位，考察沦陷北平的日常生活与文化氛围。第三辑为学术书评，不限于自家的专业背景，意在展现个人的读书趣味，力图探索书评作为一种述学文体的多样性。

第一辑

历史的转调与滑音：赵元任在1919

1919年是赵元任个人生命史上临近"翻篇儿"的时刻。

此时的赵元任仍游离于大历史之外。国内趋于白热化的新旧之争，《新青年》上以他的朋友胡适之为中心的文学革命，甚至是震惊中外的五四运动，在赵元任1919年的生活史中都没有留下什么痕迹。从世界史的角度看，像一战结束这样重大的历史事件，在他心目中似乎还不及同年发生的某次天文奇观更有吸引力。

直到1920年，留滞美国近十年的赵元任决定回国，才正式步入历史的聚光灯下。1920至1921年可以说是赵元任一生的"高光"时刻，也是他与国内知识界生出关涉、互动频密的两年。因罗素来华讲学，赵元任随行翻译，同时加入国语运动。但对他个人而言，更有意义的人生转折是解除包办婚约，与杨步伟结婚。

1919年既是赵元任人生中一个晦暗不明的低谷期，又有什么值得追述的呢？他在《早年自传》中写道：

The Academic year 1918-1919 was one of my most unsettled and unsettling years within memory. I did not know what to do, where to go, geographically, nationally, intellectually, or emotionally. [1918—1919学年在记忆中是我最不安定的年份之一。我不知道将来做什么、去哪儿，无论在地域上、国族上，思想上或情感上，都有无所适从之感。]

这段自述提供了一个入口，由此可窥见赵元任此时的心灵世界，吸引我探究这种多方面的不安定感（unsettled and unsettling）从何而来，又是如何得以化解的。

1918年赵元任从哈佛哲学系毕业，1919年恰是他在各种人生选择间犹豫不决的gap year。身心状态的波动起伏，令他暂时沦为精神上的"流浪汉"。在拿到雪尔登旅行奖学金（Sheldon Travelling fellowship）后，赵元任开始漫无目的地四处闲逛。《早年自传》中颇为细致地记录下他漫游途中一次乞食的经历：肩上扛一手杖，杖上挂一行囊，走到一处人家，跟女主人讨要面包和牛奶，说"让一个流浪汉也'胡佛一把（Hooverize，厉行节约之意）'"。女主人最后象征性地收了点钱，表示不是对流浪汉（tramp）的施舍。这种漫游、求乞，对赵元任而言，似乎是他化解不安定感的自我疗法。

赵元任在康奈尔大学读书时，已养成"冥游"的习惯。他喜欢边闲逛边放飞思绪，在路上碰到熟人老是忘记打招呼，看起来像个心不在焉的教授（absent-minded professor），因而获得

"教授"的外号。赵元任这种"心不在焉"的书生气质,与他的妻子杨步伟正好形成完美的性格互补。杨步伟属于杀伐决断的行动派,她在《一个女人的自传》(*Autobiography of a Chinese Woman*)开头坦言:

> 我喜欢动作。我第一次碰见我美国留学生丈夫的时候,他还是那种一天到晚坐在那想事情的中国念书人样子,我虽然脚还没踏到美国地方,他一见了我就说我简直像个美国人。我就是为着爱做事而做事。世界上该做的事那么多,你哪来工夫那么闲坐着煞?
>
> [赵元任译:I like to move; I like to act. When I first met my American-educated husband, a typical contemplative Oriental, before I ever set foot on America, he said that I was a typical American. I want to do things just for the fun of doing them. There is too much to do in the world to sit around and waste your time.]

1919年前后赵元任摇摆不定的精神状态,多少源于他优柔寡断的性格。他在1916年11月3日日记中写道:"I am 24 years old today, still a hesitator.""hesitator[彷徨者]"道出了赵元任求学时期的性格底色。1918年5月他博士论文答辩通过后,答辩委员会主席霍金教授(William E. Hocking)追问写这篇论文(《连续性:方法论的研究》)对他的性格有无帮助?赵元任老实回答说，无助于克服自己优柔寡断的毛病。

这种不安定的心理状态，对一个自信心、自制力极强的学者而言，是不同寻常的。其间隐伏着赵元任个人独有的精神危机，与胡适归国前的踌躇满志形成有趣的对照。胡适在归国前已有明确的自我定位，就是要做国人导师，他常引纽曼（John Henry Newman）引荷马（Homer）的一句诗："You shall see the difference / now that we are back again. [现在我们回来了，你们请看，便不同了！]"赵元任与胡适是一辈子的好友，但两人的人生志趣、生活态度完全不同。胡适是情愿活在金鱼缸中的公众人物（public figure），赵元任则有时刻意避开历史的聚光灯，宁愿享受私人生活（private individual）。

赵元任是现代学者当中特别注重保全日常性的一个人。早年随祖父各地迁徙、出国后四处游历、战乱期间流离失所，这些经历都让他格外珍视平常过日子的滋味。《赵元任早年自传》中但凡涉及大的历史变动，常滑向个人生活常态的记述。就像"七七"事变后的某个晚上，赵元任跟文教界的几位朋友在南京一家面馆吃面，静静地看着月亮在云层间穿过，都沉默不语。赵元任感叹：不知何时我们能再有这样的一个夜晚（I wonder how often we shall be able to enjoy this kind of evening again）。所谓平常过日子的滋味，只有在聚散离合的战乱年代，才是值得回味的稀罕物。

1927年两人共同的好友韦莲司（E. C. Williams）写信给胡适：

我觉得世间最忽略的资源就是嬉戏,要能够在社会上撑得住,没有比嬉戏更重要了。不是指声色犬马,或神经兮兮的寻乐,而是真正轻松忘我地让想象力奔驰,表现自己另外的一面。赵元任无论在任何困境都不会令人觉得他可怜,因为他能随时以嬉戏的心态从中获得乐趣。(参见 *A Pragmatist and His Free Spirit: The Half-century Romance of Hu Shi & Edith Clifford Williams*, Hong Kong: Chinese University Press, 2009)

不得不说韦莲司以艺术家的敏感捕捉到二人心性上的差异,赵元任无论在顺境还是逆境中,都能保持"嬉戏"的心态,而这恰是作为公众人物、难以摆脱盛名之累的胡适所缺乏的。这种嬉戏的精神渗透到赵元任学术生活的方方面面,在他最钟情的语言学和音乐创作上体现得尤为明显。在嬉戏精神的引领下,语言学不再是枯燥的专业,音乐也不仅是业余的消遣,二者都成为赵元任生命中的光与热。

赵元任这种"嬉戏"的精神状态,也是近代中国过分紧张的学术社会所缺乏的。从这个意义上说,赵元任是中国现代学术史上的"异端",我感兴趣的是这种"嬉戏"的心态(play with something)与专业化程度极高的现代语言学之间的张力。在加州大学伯克利分校 Bancroft 图书馆保存的赵元任档案中,据目录显示,其在讲演题目中多次从游戏的角度来谈语言问题,譬如 *Language at Play*(语言游戏)、*Playing with the Chinese*

Language as a Symbolic System（与作为符号系统的汉语嬉戏）等。他最得意的语言游戏，是利用汉字的视觉性，选取准同音异形（quasi-homophonous）字编成"无意义"的小故事，如被收入《大英百科全书》的《石室诗士食狮史》（Story of Stone Grotto Poet Eating Lions）。在日常生活中，赵元任也不轻易放过任何一个玩文字游戏的机会，善于用双关语（make puns）展示他特有的冷幽默。比如他和杨步伟合写的系列传记，总名为"Life with Chaos"，既是指"赵家的生活"，也可以理解为"一团混乱的生活"。

韦莲司所看重的"嬉戏"，借用赵元任在《阿丽思漫游奇境记》（Alice's Adventures in Wonderland）译者序中的说法，其实是用一种"不通"的态度，笑对人生的难，追求一种有意味的"没有意思"（nonsense）。这篇译者序也是自我解构的游戏笔墨，赵元任在序后加了两条附记：

> 排版注意因以上所说种种的理由，这篇序文应该从头到尾删掉，请排版的、校对的就照办为要。
> 又，这几句话是专门给排版的、校对的看的，并不是书稿的一部分，千万不可以也把他排入，弄成一个大"不通"的笑话。

写序在他看来纯属多余，做序的最高境界是逼迫读者跳过序言直奔主题。《阿丽思漫游奇境记》既是给小孩子看的书，又是一本哲学和论理学的参考书，里面有许多说不通的笑话。这些"不通"的笑话之所以有意思，就在于它不提倡某种主义。周作人认为《阿丽思漫游奇境记》的特色，即这种有意味的"没有意思"。放到十九世纪英国文学史的脉络中，周作人援引麦格那思（Laurie Magnus, *English Literature in the Nineteenth Century: An Essay in Criticism*）的评价，指出阿丽思的冒险"非常分明的表示超越主义观点的滑稽"（present with curious distinctness the humor of the transcendental point of view），引诱读者"走进镜中世界"（*Through the Looking Glass*），在这里"物质是一个消融的梦，现实是在幕后"（where matter is a dissolving dream and reality is behind the veil）。

戏剧家丁西林也认为《阿丽思漫游奇境记》中最重要的元素就是 humor。这种 humor 特别对译者的口味，却是国粹里整理不出来的东西，是中国人一向没有或欠发达的口味。从中国旧有的滑稽、诙谐、聪明、俏皮、讽刺、戏谑里，提炼不出 humor 这种元素。《阿丽思漫游奇境记》是赵元任在国内出版的第一本书，他花大力气翻译此书，是因为从作者 Lewis Carroll 身上发现两人许多惊人的共通之处：mathematics，love，logic，paradox，shyness（见 1915 年 9 月 7 日赵元任日记），更重要的一点共鸣是以"不通"的态度随顺人生，从无目的的精神漫游中领会到生活里有意味的"没有意思"。

赵元任一生视科学为天职，但他决不是苦行僧式的学者，而是一个嗜好极多、富于冒险精神的、学术上的享乐主义者。

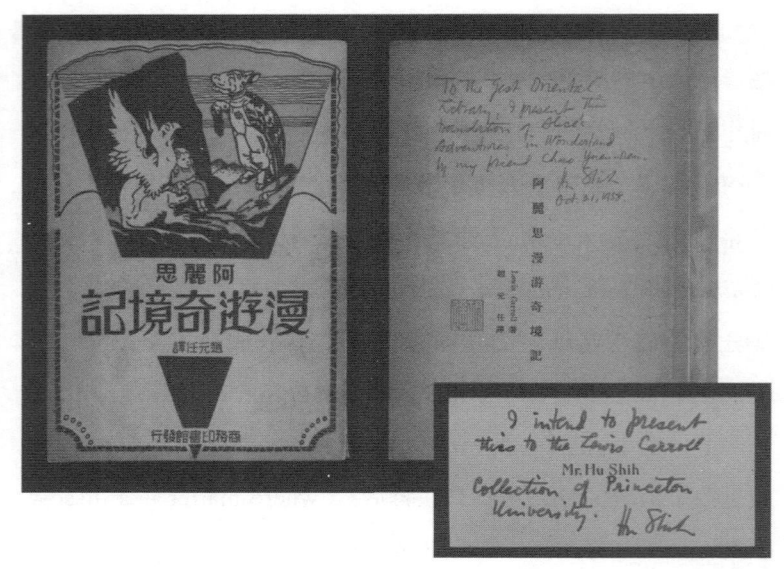

赵元任译《阿丽思漫游奇境记》(1939年第四版)封面、扉页及便条，胡适1958年签赠东方图书馆，现藏普林斯顿大学图书馆

赵元任在独幕剧《最后五分钟》的前言中承认，他对学术的兴趣仿佛是一个女人对男人的爱，极浓烈且忠心不变，即便一时移情别恋，最终还是会重回他的怀抱；而他对艺术的兴趣，仿佛是男人对女人的爱，一时间炙热如火，待热度消退后，好像就是离开她也能过似的，回头又恋恋不忘，觉得没了她，自己的生活便全无光彩。赵元任的嬉戏精神，不同于梁任公1920年代提倡的趣味主义，是严格的专业化为前提，经过现代科学方法洗礼的享乐主义。

胡适在 Intellectual China in 1919（《1919年的中国思想

界》）一文开篇称："In the whole modern history of China the year 1919 certainly deserves the name annus mirabilis [在整个中国现代史上1919年可谓是奇迹迭出的一年]。"借用赵元任作曲时惯用的表现手法，在中国现代思想史上被大写的"一九一九"这首多声部乐曲中，赵元任1919年的心路历程构成了主旋律的"转调"（modulation）和"滑音"（portamento）。

赵元任对音乐创作的兴趣，在他女儿赵如兰看来，有时也可以说是一种逻辑的兴趣。西方古典乐的和声系统有它的一套规律，赵元任喜欢用"转调"和"滑音"给歌曲赋予不同的情感色彩。比如在为刘半农的《教我如何不想他》（How Can I Help But Think of You）谱曲时，据《新诗歌集》中的作曲者注，"教我如何不想他"这句的唱法，每次都有转调。第一遍是本调（E调），第二遍收在上五度的调上（B调），过门把B调引伸了两句又回到家，第三遍从同名小调（homonymic minor，e小调）假道，到了"它"的相关大调（relative，G大调），第四遍暂回到e小调，两句后又变回同名大调到家，在E调上收尾。唱这个歌的时候，首先要唱得婉转，有许多地方就是没有↘号的，也不妨用一点滑音。这些自由的转调和滑音，赵元任以为并不是西方人专有的技法，可以给"中国派"的乐曲增添一点世界风味。

1919年胡适托任鸿隽在留美学界帮北大物色人才，任回信说赵元任一两年内未必肯回国。面对国内伸来的各种橄榄枝，赵元任此时仍徘徊在"世界公民"的理想与归国任教的现实之间。他很早就对"世界国家"的观念格外感兴趣,曾在日记中表示"立刻决定要加入这个国家,做一个世界公民"。"五四"一代知识人多受世界主义思潮的影响,但受制于语言能力与知识视野,真正有资格成为"世界公民"的并不多。赵元任是留美学界中极少数能融入欧美学术社会,得到学院体制认可的。

"世界公民"的理想与民族国家意识在赵元任这里并不完全冲突,从他对音乐的理解中,可以见出他理想中的"中国音乐"是超越东西方的二元对立,被除东方主义的幻觉,自由运用西方技法的世界音乐,或名之普遍音乐。赵元任在《新诗歌集》序中指出西方人对所谓"中国音乐"的刻板印象,源于一种"博物馆的中国"观念,但中国人不可能把自己囚禁在人种学的博物馆中:

> 可是你要是真心的爱一种东西,得要看你能不能跟它一辈子伴着过,能不能 live with it(共同生活)?光说 quaint(稀奇古怪)不行,你是不真觉得它 lovely(可爱)?是不是觉得它 cozy(温暖)?是不是觉得它 moving(生动)?……我们中国的人得要在中国过人生常态的日子,我们不能全国人一生一世穿了人种学博物院的服装,专预备着你们来参观。中国不是旧金山的"中国市",不是红印度人的保留园。

这是赵元任文章中少见的有火气的段落,从中不难感受到他作为一个中国人,一个在国际学术舞台上如鱼得水的中国学者，面对西方人猎奇的眼光时隐忍的愤怒。

赵元任决不是狭隘的民族主义者，他也不愿被裹挟入狭义的政治纷争当中，但在某些时刻，语言文字所携带的文化记忆仍是这位"世界公民"行囊里不忍抛却的故物。1956年赵元任录制唐诗，几次试诵《长恨歌》、《琵琶行》，总是泣不成声，只好改录几首短诗。据赵如兰回忆，赵元任去世前一晚，还在用常州音吟诵"星垂平野阔，月涌大江流"。赵元任从小爱放风筝，照规矩放到清明时节，就要割断丝线放走风筝。赵元任漂泊的一生，仿佛是一只断线的风筝，他虽然亲手割断了那根看得见的丝线，看不见的丝线仍系于方音、汉字及唐诗所凝缩的文化记忆中。

（原刊于《文汇学人》2019年1月4日，略有修订）

民国学术圈的"里子":寻找汤尔和日记

一、"面子"与"里子"

王家卫导演的电影《一代宗师》里有句台词,说:"人这辈子,有的人活成了面子,有的人成了里子,能耐是其次的。"套用这个说法,在学术圈里,人们往往只盯着光鲜亮丽的"面子",而看不见躲在幕后,真正起作用的"里子"。对于民国时期的学院政治而言,蔡元培、胡适、蒋梦麟这些人,当然是台面上的人物;而本文所要讨论的汤尔和,则属于"里子"型的角色。

曾任教于北大的沈尹默晚年回忆说,蔡元培是旧中国一个道地的知识分子,对政治不感兴趣,无权位欲,因书生气太重,一生受人"包围":民元教育部时代,受商务印书馆张元济等人包围;到北大初期,受二马(幼渔、叔平)、二沈(尹默、兼士)、钱玄同、刘半农及周氏兄弟包围,亦即所谓"某籍某系";后至中央研究院时代,又受胡适、傅斯年等人包围,死而后已

(《我和北大》，1966年作)。在这几重包围圈中，汤尔和对蔡元培的影响力不容小觑，尤其是在一些关系出处进退的关节点上，如蔡元培执掌北大，陈独秀应邀担任北大文科学长又因私德问题被解聘，"五四"后蔡元培离职，蒋梦麟接任北大校长，这一系列对现代中国学术思潮影响深远的事件，多少与汤尔和这层"里子"脱不了干系。

而"里子"与"面子"的区别，若以胡适与汤尔和作比较，两人均出入于学与政之间，前者凭文学革命之势暴得大名，可以说是一辈子活在金鱼缸中的公众人物（Public figure），深知自己的一言一行都牵引着时人的目光；而被视为"策士"、"谋客"的汤尔和，虽历任国立北京医专校长、教育次长、教育总长、财政总长兼盐务署督办、俄国庚款委员、东北边防军司令长官公署参议等职，其在民国学术史、教育史、政治史上却更像是影子般的存在。你很少在公众场合听见他的声音，只有在某些关键时刻，从局中人的事后追述或书信、日记这类材料中，间或能窥见他的身影。不过时机一到，不甘寂寞的"里子"也会翻过来充当"面子"，如1937年北平沦陷后，汤尔和在华北文教界扮演的角色。而这段与日伪合作的经历，使汤尔和成为有污点的"里子"，极少被人提及。

汤尔和甘愿做"里子"，或许归因于他对"政治"的理解。在1937年《舆论周刊》的创刊词中，汤尔和宣称自己本不愿谈政治，作为一个"外行"，他以为"谈政治，第一要知道事实，事实就是内幕"。政治这样东西，在汤尔和看来，外面冠冕堂

汤尔和遗像

皇，煞有介事，一旦掀开内幕，真是说不得，所以他断言"政治是龌龊东西，政治生活是下流职业"（《开宗明义：三个小志愿与三条消极的标注》）。在"我的朋友胡适之"四十大寿之际，汤尔和送了一副对联："何必与人谈政治，不如为我做文章"，借此表明自己"不谈政治"的姿态。表面上看，汤尔和好像与胡适一样都患有某种政治"洁癖"，但这种"洁癖"背后的政治观却大不相同。王宠惠内阁下台后，汤尔和曾对胡适说：

> 我劝你不要谈政治了罢。从前我读了你们的时评，也未尝不觉得有点道理；及至我到了政府里面去看看，原来全不是那么一回事！你们说的话，几乎没有一句搔着痒处的。你们说的是一个世界，我们走的又另是一个世界。（胡适《解嘲》，《努力周报》第45期"这一周"，1923年3月25日）

此时以《努力周报》为阵地，热衷于谈政治的胡适，并没有接受汤尔和的"忠告"。谈政治的人不免有一种"妄想"，明知说的和行的是两个世界，但总想把这两个世界拉拢一点，让"事实"逐渐靠近"理论"。这是胡适——不愿掺和现实政治的舆论家——的信念。

正因为汤尔和将政治等同于事实，又把事实等同于内幕，所以才甘做幕后的操控者。汤尔和固然不是在官场中打滚的职业政客，在民国政坛上只能算是一个窜场的"票友"，但他也不愿做隔靴搔痒的学者型政论家。按照汤氏"碰壁"后的经验之谈：

> 政治这样东西，拿衣裳来比喻，他决不是一件单衣，乃是有表有里，并且表里之间，还夹着棉花，或者是丝绵、驼绒等等，你如光看表面，直等于痴人说梦。（《开宗明义：三个小志愿与三条消极的标准》，《舆论周刊》第一卷第一号，1937年4月）

这番甘苦之言，或许道出汤尔和在民国政坛及学术风潮中宁愿充当"里子"的内情。

二、胡适秘藏书信中的汤尔和日记

我最早是从黄山书社影印出版的《胡适遗稿及秘藏书信》中

得知汤尔和日记的存在。要了解民国学术思想史的"内幕",日记、书信是必不可少的一手材料。近现代学人的日记,大约可以分为两类。一类是写给自己看的,以记事为主。如周氏兄弟的日记,多记读书作文、书札往还、来客访友,几乎是干瘪的流水账簿。另一种则是写给别人看的,或刻意经营、预备传世的。最典型的莫过于胡适日记,日记被其视为"自言自语的思想草稿"(thinking aloud),从中可看出他文学主张、思想演变之轨迹。

据胡适日记,1934年3月3日王叔鲁请吃饭,坐中有周作民、朱启钤、汤尔和诸人,胡适劝朱启钤写自传,于此日得知"尔和有日记,二十多年未间断",准备"问他借看民七八年的日记"。从1935年12月23日胡适致汤尔和信中,可窥见汤氏日记的基本形态:"先生日记之有恒,真令我五体投地的佩服!每日读书有记,治事有记,而几十年不断,是真不易得!"由此可知汤尔和日记的内容,大体包括读书、治事两方面,尤为可贵的是日记的持续性——"几十年不断"。据汤家后人回忆,汤尔和过世后,其次子汤器(字不器,北大医学院毕业,曾赴日习医,获日本庆应大学医学博士学位)原保存有全套日记,"文革"期间被抄走。日记是32开本,每本厚度不到两指宽,写在商务印书馆印制的"当用日记"上:洋装硬皮,竖排,右缝合,一天一页,前面有两三行是印好的,用以填写日期、天气、来往通信。民国时期的汤尔和日记,每年一册,约有三十四五本,到民国二十五年为止。民国以前也有日记,但记不清是什么样子的。关于日记所用的书体,据说早期是用行书,后期用孙过庭那样的小草（据2009年9月25日笔者与汤器长子汤东来的通话记录）。

1935年胡适向汤尔和借阅民国六、七、八年（1917—1919）的日记。索阅汤氏日记的目的，是为了查清1919年3月26日夜，北大开会决议解聘文科学长陈独秀之内幕。胡适以为此后"中国共产党的创立及后来国中思想的左倾，《新青年》的分化，北大自由主义者的变弱，皆起于此夜之会"。这一说法未免有"倒放电影"的嫌疑，但不得不承认这一时期汤尔和对蔡元培的影响力，单就辞去陈独秀一事而言，3月26日夜之会，虽有沈尹默、马夷初在后面"捣鬼"，然蔡元培最看重的还是汤尔和的意见，故胡适信中说："是夜先生之议论风生，不但决定北大的命运，实开后来十馀年的政治与思想的分野。"

可惜汤尔和在日记中并未详述此会之内情，仅在3月27日补记一笔："昨以大学事，蔡鹤公（元培）及关系诸君来会商，十二时客始散。"关于此事之余波，胡适从1919年汤尔和日记中还摘录出一条十分生动的史料：4月11日，汤尔和回寓"途中遇陈仲甫，面色灰败，自北而南，以怒目视，亦可哂已"。怒目而视云云，颇符合陈独秀褊急的性格。但胡适将3月26日之会视为1920至30年代思想界分化，左翼思潮兴起并与自由主义对峙的导火索，或夸大了陈独秀个人的历史作用及北大"英美派"对其的牵制力。

不无反讽意味的是，陈独秀出任北大文科学长，亦有赖汤尔和之提议。1933年蔡元培为《独秀文存》作序时透露，1917年他执掌北大后，与汤尔和商及文科学长人选，"汤君推陈独秀，说独秀即仲甫，并以《新青年》十馀本示我"。在1919年3月26日会上，汤尔和主张开除陈独秀的理由是"其私德太坏"，而蔡元培作为进德会的提倡者，即便有意保陈，遇到嫖妓之类的问题，也难以自违其说，为陈辩护。胡适却以为"小报所记、道路所传"的私德问题，不过是外间敌视新思潮者用来攻击北大领袖的一种手段，而蔡、汤诸人处理此类问题时，"道学气"太重，不能把"私行为"与"公行为"分开，正堕入奸人的圈套。胡适翻检1918年、1919年的汤尔和日记，见其每日抄读宋明理学家的语录，"始悟八年三月之事，亦自有历史背景"。

围绕陈独秀离开北大一事，胡适细读并抄录了1919年汤尔和日记中的部分内容，并加跋语评价说，"此册记'五四'风潮、六三、挽蔡子民、用蒋梦麟代理北大等等，都最详，是很好的史料"。胡适身为北大教授兼新思潮的领袖，也是这些事件的旁观者甚或局内人，在他眼里，汤尔和实际上是"五四"前后操纵北京学潮的主要人物，"自命能运筹帷幄，故处处作策士，而自以为乐事"。读汤尔和日记使其"稍明了当日一般人的心理及其背景，可见史料之可贵"。

三、"孰持煎饼补天穿"：沦陷时期的汤尔和

汤家后人声称，1937年北平沦陷以前，汤尔和日记基本上是完整的，但沦陷以后就没有了。这或许是为亲者讳，因为就

常理而言，写日记一旦形成习惯，且几十年不曾间断，似乎没有沦陷后即停笔的道理。汤尔和日记若存世，其最有价值的部分，除了胡适书信中摘录的"五四"前后那一段，当属1937年北平沦陷以后，到1940年11月汤尔和因病去世这三年。

据徐树撰《汤尔和事略》（《教育时报》第1期，"纪念汤尔和先生特辑"，1941年7月），卢沟桥事变后，年届六十的汤尔和参与组建日伪扶植的"中华民国临时政府"，任议政委员会委员长、行政委员会常务委员，兼教育部总长。其在文教方面的举措：首先着手纠正思想，设立师资讲肄馆，对中小学教员实施再教育；设编审会自兼会长，主持审核、重编中小学教科书；先后筹建伪北大文理农工医五大学院，兼领伪北大总监督之职；此外复建师范学院、女师学院、外国语专科学校、艺术专科学校等；设立东亚文化协议会，被推选为会长。汪伪政权"还都"南京后，汤尔和被任命为宪政实施委员会常务委员；迨"华北政务委员会"成立，继任该会常务委员，兼教育总署督办。从这一长串履历可知，事变后汤尔和始终处于华北文教界的权力核心。

汤尔和去世后，伪北大医学院名誉教授永井潜回忆说，很多人都以为汤尔和是容易相处的"好好先生"，这种观察好比是"对于万丈深渊，但见一碧如镜的水面，而忘却其下涌动的暗流"（《忆汤尔和先生》，《教育时报》1941年第1期）。永井潜借用德国医学及心理学泰斗克雷久马的理论，从体质与心性的关系入手，分析汤尔和在政、学之间的徘徊。根据克雷久马的假说，凡是细长型体质的人，多体现出"分离心性"，而肥厚型体质者则多具有"循环心性"。"分离心性"的特质是理想主义、消极隐退、非社交性的；反之，循环心性者则多是积极进取、处事圆融、易于与外界协调的。据永井潜观察，汤尔和的体质属于典型的细长型，其性格中含有七分的"分离心性"和三分的"循环心性"。七分的"分离心性"使其成为"中国的新医学之父"、"文运的中心势力"；而三分的"循环心性"，又使其不甘做象牙塔中的专家学者，甚至不甘做幕后军师，故而在卢沟桥事变后，跃升为华北文教界的头面人物。

据汤尔和的学生刘兆霖回忆，伪"临时政府"成立后，汤氏以一身而兼数要职，乃自定时间表，如某时在何处治事，免人奔走寻觅（《汤先生侧影》，《教育时报》1941年第1期）。而住在汤宅附近的永井潜，追述沦陷时期汤尔和"恪勤励精"的姿态："警备车的响动，每天早晨发出凄厉的声音，有时惊醒了不觉晓的春眠，有时振荡着严冬的大气。这恰像是一种信号，报告汤教育总长的出门办公"。汤氏老友马叙伦亦谓"其居伪职时，出入警跸，所经通衢，行者止以待其过"（《汤尔和晚节不终》，《石屋续瀋》）。

曾就职于伪教育总署的臼井亨一，比较汤尔和与周作人这两任教育督办之行事风格：被称为"文人督办"的周作人并没有像汤尔和那样对政务投入全力，"时常是脸带温和的微笑，以对人间的深厚理解与玲珑玉般的人格所发出的温暖的包容力，统率教育界"（《雅俗两道：教育总署的周先生》，收入方纪生编《周作人先生的事》)。日本学者木山英雄在《北京苦住庵记：日中战争时代的周作人》一书中，援引臼井氏的同僚重松龙觉的话说：周作人很少参与实际的行政事务，态度有点暧昧不清；而汤尔和是行与不行十分清楚的人，作为日本一方虽说是难对付的对手，但感觉是不错的。

作为政务家的汤尔和，与文人出身的周作人"威严决然不同"。按志智嘉九郎致木山英雄信中所言，汤尔和是一个颇有"骨力"的人，其与日方交涉的过程中曾发生过这样的事：日本方面给教育总署拨款四十万日元补助金，这在当时不是个小数目，让教育总署出个收据，但汤尔和回绝说，一国政府因此而给别国出具收据，这是办不到的。于此，日本人似乎有一种被对方威严所压倒的感觉。这种强硬的外交姿态，即日本人感受到的"骨力"，或与汤尔和外柔内刚的性情有关。据说汤尔和性好花木，其执掌北京医专时期，曾将教室前的几株细柳易为松柏，并告诫生徒说："吾人处世当如松柏之坚贞，虽经霜雪而不变"。《汤尔和事略》一文亦称汤氏"生平喜松"，"自得翁常熟所书六松堂横额，因自号六松堂主人"。

沦陷时期周作人与汤尔和之间，除了政务往来，还有诗词唱和。1939年4月23日周作人日记，发信、收信栏均有汤尔和之名，云"得尔叟赠诗，依韵和一首"。

周作人的和诗《遣怀用六松老人原韵》，曾抄予方纪生，于鸟谷真由美《方纪生のこと》一文中披露：

苦茶啜尽不成眠，挑担何时得息肩。漫顾破甑谈往事，且倾浊酒送余年。未能泯默居牛后，几至仓皇死马前。差喜如今都忍过，思量身世渺云烟。

知堂《丙戌岁暮杂诗》中有诗，题为《挑担》，可与此诗对读。"几至仓皇死马前"应指1939年元日周氏遇刺幸免一事，"差喜如今都忍过"系化用杜牧之句"忍过事堪喜"。

周作人给汤尔和的另一首和诗题为《偶作用六松堂韵》，一名为《己卯秋日和六松老人韵》。此诗作于1939年9月12日，当时周作人已应汤尔和之邀，出任伪北大文学院院长；而题目中的"六松老人"或"六松堂"，即指时任教育部总长兼伪北大总监督的汤尔和。诗云：

正似群鱼脱故渊，草间煦沫剧堪怜。四方引领失归路，何处将身托愿船。漫策断株追日没，孰持煎饼补天穿。高歌岂必能当哭，夜色苍茫未忍眠。

廿八年九月十二日，知堂（钤"知惭愧"印）

首联化用"草间偷活"及《庄子·大宗师》中"泉涸，鱼相与处于陆，相呴以湿，相濡以沫"之典，形容事变后滞留在北平的文人学者的共同处境。颈联则借用夸父逐日、女娲补天的传说，为事伪者辩护，自陈明知徒劳无功，亦不得不稍事补救之用心。末二句曾出现在周作人另一首诗的自注中，"夜色苍茫未忍眠"即"流水斜阳太有情"之意，亦即周氏致废名信中所说，"觉得有些怅惘，故对于人间世未能恝置，此虽亦是一种苦，目下却尚不忍即舍去也"。

1940年3月周作人曾将这首诗抄赠给其在绍兴教书时的学生张一渠，随后特地交待："请勿以任何形式发表，不但旧诗本不会做，近来亦不想有所揭载，徒供人作骂资也。"周作人不愿刊布此诗，未必是担心诗做得不好，而是因为其酬和的对象乃沦陷时期华北文教界炙手可热的实权人物汤尔和。此诗若被外间刊物揭载，岂非周氏甘愿"下水"的自供状。故沦陷后期结集的《苦茶庵打油诗》及补遗均未收录此作，并非因为"和韵难恰好"，问题在于和谁的韵。

周作人晚年声称与汤尔和没什么交情，虽说是同乡，可接触很少，"只知道他是个很世故、善诙谐，且颇有点权谋之术的人"（《"东亚文化协议会"为何物？》）。汤尔和发行《舆论周刊》，曾向周作人约稿。北平沦陷后，周氏受北大之托保管校产，常有事跑去接洽，从而交往渐密。1939年元旦遇刺事件后，周作人被老友钱稻孙拉入伪北大文学院的筹备工作，更少不了与总监督汤尔和打交道。1940年汤尔和去世，周作人拟的挽联是：

一生多立经国事功，不图华鬘忽萎，回首前尘成大梦。
此出只为救民苦难，岂意檀度中断，伤心跌打滕微言。

舒芜指出汤、周二人交情不可谓不深，汤尔和死后，周作人又是参加治丧委员会,又是写祭文、送挽联,又是以不同的伪职身份接连出席不同的公祭。汤的百日祭、六十四岁阴寿、周年祭、三周年祭,周作人无一次不参加(《历史本来是清楚的:关于周作人出任华北教育督办伪职的问题》)。在东亚文化协议会召开的追悼会上,周作人在致辞中高度肯定了沦陷时期汤尔和"重建文教正统"的努力,谓事变后"立刻坚决地主张非复兴文教不可,不顾危险挺身而出的,只有汤先生一人而已"。

1942年周作人为"幼松"著《汤尔和先生》一书作序。据知情者说,作者"幼松"即汤尔和的次子汤器(瞿兑之《读〈汤尔和先生〉》)。周作人在序中着力彰显汤尔和"医师"的身份,强调"医术通于治道","盖医乃仁术,以解救疾苦为职志"。汤氏一生治学行医与从政参半,"其参与政事的期间也仍是医师的态度,所谓视民如伤,力图救护"。"解救疾苦"、"视民如伤"云云,与其说是表彰汤尔和之"医德",不如看作事伪者的自辩。

尾声:历史的褶皱

因为关心民国时期的学院政治,特别是沦陷期间华北文教界的状况,我一直试图寻找汤尔和日记的下落。偶然得知汤尔和的次子汤器(后以字"不器"行)建国后曾供职于南通医学院,而南通医学院1957年迁至苏州,更名为苏州医学院,2000年并入苏州大学。于是2009年我趁国庆长假,赴苏州大学档案馆查访汤器的相关资料。几经周折，在桃花坞派出所找到汤器子女的户籍信息，并与其长子汤东来取得联系。据汤东来先生回忆，其父汤器保存的汤尔和日记，已在"文革"期间第二次抄家中遗失，抄家者为苏州医学院科室人员。"文革"结束后，曾发过一份返还清单，汤尔和日记则不知所踪。1980年代汤家人向当年参与抄家者打听日记下落，据说还有四本，其他烧了！我循着几条线索追寻残存的汤尔和日记，可惜知情者或是闭口不谈，或已移居他地，或躺在病床上，令人不忍深究。从汤家后人口中，我陆续得知抗战胜利后汤氏家族的命运，始终笼罩在汤尔和事伪的阴影下。这些口述史的材料虽不在本文的讨论范围内，但也是藏在历史褶皱中的另一出悲喜剧。

（原刊于《东方早报·上海书评》2015年4月19日，略有增订）

"书房一角"：周作人阅读史初探

一、通向思想世界的阅读史

周作人曾说将自己的书房一角开放给读者看，无异于把自家思想敞露于人前，是颇危险的事。由此可知在他这里，阅读史其实是思想史、精神生活史的另一种形态。在同时代的知识人中，周作人算是相对纯粹的"书斋中人"，读书对他而言不仅是日常消遣，更是形塑自家知识结构与思想观念的重要途径。周作人在危机时刻的政治选择及"不合时宜"的思想立场，或许能从他日常的阅读取向中找到根由。西方经典的阅读史研究模式，多以普通读者（common reader）、大众阅读为对象，考察长时段内阅读习惯的变化，并不完全适用于解析周作人所谓的"杂览"与"杂学"。但只有从阅读史的角度探究周作人的知识谱系，才能从思想根柢处把握周作人"不自然"的伦理姿态。

周作人及同时代人的阅读史，首先需要置于"经典淡出"的大背景中去定位。不同于在科举制笼罩下成长起来的晚清读

苦雨斋中的周作人，《华文大阪每日》1941年第7卷第7期

书人，周作人这一代多有留学经历，读书自然不再以四书五经为中心，甚至跳出经史子集的范围，借由各种途径直接或间接地吸纳西学，从而形成不古不今、非东非西之学。而周作人的知识结构在同时代人中又有其特殊性，他所谓的"杂学"有其思想发展的内在理路（inner logic），并非马赛克式（mosaic）的杂凑。要发现周作人"杂学"中一以贯之的问题意识，即其知识据点之间的关联性，包括主题关联、动机关联及解释关联。

探究周作人的阅读史，不外乎两种目的：或偏重于文学作品的阅读、译介，可套用翻译研究的既有范式；或出于思想史的意图，关注其在不同时期接受的知识给养与思想影响。对于后一种研究目的而言，思想形成期的阅读比思想定型后更为重要。周作人曾为有心探究他思想世界的读者绘制过一份导览图，即1944年春夏之交在上海《古今》半月刊上连载的《我的杂学》。《我的杂学》在周作人阅读史中的位置，用一极不恰切的类比，近乎《汉书·艺文志》在目录学中的地位。此文绝非如周作人所言是"出于偶然"而作，与其说它是怀旧性的读书回想录，不如视为以读书回想录的形式写作的思想自传，带有"自供状"的意味，用章学诚的话说，"自具枷杖供状，被人看去破绽"。

对于外界"针小棒大"的批评或隔靴搔痒的追捧，周作人以为与其防破绽，不如露破绽，甚至卸下盔甲、袒露真身给你看。然而即便周氏自揭家底，也少有批评者有耐心、有学力，据此探清他的思想底细。在《我的杂学》最末一节，周作人交代自己的写作动机，老实承认这篇"仿佛招供似的文章"是为日后进攻者准备的思想地图，不妨改名为"愚人的自白"："这样一个思想径路的简略地图，我想只足供给要攻击我的人，知悉我的据点所在，用作进攻的参考与准备"。

《我的杂学》写作的时间点耐人寻味，是否此时周作人已有日本战败的预感？预感到苦雨斋藏书的命运，亦即战后自身的命运？周氏晚年将《我的杂学》全文收入《知堂回想录》中，随后写到抗战胜利后，"经国民党政府的劫收"，自己的书物几乎荡然无存。或许正是预见到自家藏书的命运，周作人才有意用读书回想录的形式，"立此存照"，事先捍卫苦雨斋藏书的完整性。在他还可以自由说话的时候,为即将降临的审判——并非法律意义上的汉奸审判,亦非千夫所指的社会裁判,而是他在意的思想审判——预备下一份含蓄的自供状。

文学阅读通常在翻译研究的题目下附带处理,而思想史取向的学术性阅读,没有现成的研究方法可循,题目俯拾皆是,却少人问津,仅以"青年必读书"事件为例。在1925年《京报副刊》组织的"青年必读书"征集活动中,被讨论得最多的无疑是鲁迅的答卷:"要少——或者竟不——看中国书,多看外国书",这符合五四青年导师反传统的思想立场。鲁迅这种"文不对题"的回复方式,故意与社会期待唱反调,带有一定的表演性。在此之前,江绍原也以交白卷的方式表达了对这一征集活动的疑虑,宣称他不相信有哪十部书能给中国青年最低限度的必需智识,《京副》征求到的不过是"名流硕彦及中学大学教员"爱读书的书目而已。

周作人为《京副》开列的十部青年必读书,虽刊发位次靠前,但缺乏鲁迅、江绍原这种表演性,未能引起时人注意。在他选的十部书中,除了《诗经》《史记》《西游记》《堂吉诃德》《格列夫游记》之类中外经典名著,还有几部不够大众化的,比如威斯德玛克《道德观念之起源与发达》(Westermarck, *The Origin and Development of Moral Ideas*),以及法兰西(通常译为"法郎士")《伊壁鸠鲁的园》(Anatole France, *Garden of Epicurus*)。周作人为何将这两部相对冷僻的学术著作,亦列入面向一般公众的"青年必读书"中?《道德观念之起源与发达》旨在

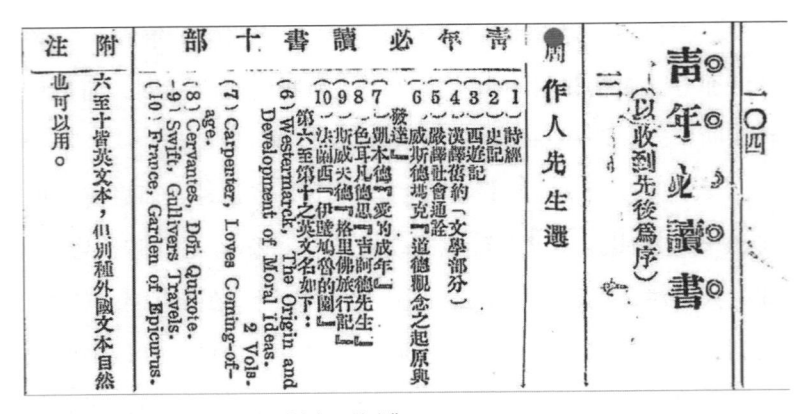

周作人为《京报副刊》开列的"青年必读书"

为伦理的相对性（ethical relativity）辩护，威斯德玛克从人类学、文明论的视野出发，考察道德观念与巫术及宗教信仰之间的密切关系。由此得出的结论是：道德判断最终以情感为基础，道德观念不过是将情感趋向加以归纳概括的结果，不具有客观性。

威斯德玛克认为道德观念的研究在很大程度上是关于习俗的研究。习俗是缺乏反省能力（unreflecting）的道德意识，它不过问动机，不关注行为的内面，它不管一个人星期天去教堂，是出于虔诚的宗教信念，还是畏惧公共舆论。换言之，习俗只规范看得见的行为，而放任个人的内心世界，默许暗中滋生的各种意愿和观念，只要你不公开表露出来。在威斯德玛克看来，习俗不非难异端的胡思乱想（heretical mind），但谴责离经叛道的行为；它要求在特定环境下能做或不能做什么特定动作，却不关心行动者的动机。周作人认同于威斯德玛克的道德相对论，

"觉得世界上没有天经地义,道德常是因时地而变迁的"。

道德观念的流动性、相对性,据周氏看来,是"文明国的儿童"理应具备的一点常识。然而周作人在自己文章中很少正面提及或引述《伊壁鸠鲁的园》,他基于何种理由将此书选入"青年必读书"中?"园"(garden)这一意象与周作人所谓"自己的园地"之间是否存在某种关联?或许只能从书中寻找内证。《伊壁鸠鲁的园》(*The Garden of Epicurus*, translated by Alfred Allinson, London: John Lane The Bodley Head Limited, 1923)从写作体例上看,类似于随感录、沉思录的形式,是由或长或短的随笔构成。其中有些片段与周作人一贯的思想主张有很强的呼应感,譬如为"异端"辩护:

> We call men *dangerous* whose minds are made differently from our own, and *immoral* those who profess another standard of ethics. We condemn as *sceptics* all who do not share our own illusions, without ever troubling our heads to inquire if they have others of their own. [我们将那些思想构造不同于我们的视为**危险的**人,将那些拥有另一套伦理标准的人视为**不道德的**。我们将所有不分享我们幻想的人斥为**怀疑者**,却从不用我们的头脑去探求他们是否有他们自己的一套思想、伦理与幻想。]

又如对启蒙立场的反思,认为"白昼"是无法忍受的:

Ignorance is the necessary condition, I do not say of happiness, but of life itself. If we knew everything, we could not endure existence a single hour. The sentiments that make it sweet to us, or at any rate tolerable, spring from a falsehood, and are fed on illusions. If, like God, a man possessed the truth, the sole and perfect truth, and once let it escape out of his hands, the world would be annihilated there and then, and the universe melt away instantly like a shadow. Divine truth, like a last judgment, would reduce it to powder. [无知是必要条件，我不是说是快乐的，而是生命本身的必要条件。如果我们知晓所有的事情，我们将无法忍受这样的生活哪怕仅仅一个小时。那些对我们而言甜蜜的，至少是可以忍受的感觉，都源于谎言，建立在幻觉之上。如果有一个人，像神一样掌握了真理，唯一且完美的真理，一旦让真理逃出他的掌控，世界立刻会毁灭，宇宙将马上消逝像一个影子。神圣的真理，如同最后审判，将瞬间坍塌，烟消云散。]

"伊壁鸠鲁的园"象征一种隐遁、自足的生活样态，在"园"内生活与学问是一体的。这种生活理想是通过抑制过度的欲望，以实现内心的宁静 [ataraxia] 及最终的幸福 [eudaimonia]。伊壁鸠鲁将园中的劳作与沉思视为一种生活的艺术，师徒及志同道合者构成一种生活共同体，亦是志业共同体。

周作人的"自己的园地"，是从伏尔泰的小说《老实人》

（Candide）借来，伏尔泰在某种意义上也是伊壁鸠鲁的信徒。而法郎士与伏尔泰的关系，如勃兰兑斯（Brandes）所言，"正如同法郎士有一些理智的特质一向是使我们想起了叙述家的伏尔泰，同样，在他的主要的人物中以及在他的小说的精神中有一些特质，是使我们想起了《甘地德》（Candide）。甘地德也是纯真的。法郎士曾无数次地读了伏尔泰的作品，而且许多处与他同一化了。"（东声译《勃兰兑斯论法郎士》，《文艺月刊》1932年第5—6期合刊）

"这些都是很好，但我们还不如去耕种自己的园地"，《老实人》结尾这句话暗合于五四运动落潮后知识群体的分化及周作人以退为进的策略。他主张从狂热的社会运动中抽身出来，各自划定工作边界，重新确立文艺这块"园地"的自足性："种果蔬也罢，种药材也罢，——种蔷薇地丁也罢，只要本了他个人的自觉，在他认定的不论大小的地面上，用了力量去耕种，便都是尽了他的天职了"。（《自己的园地》，1922年1月22日《晨报副刊》）

阅读即挪用（reading as appropriating），在周作人这里，思想与文章、阅读与写作的转换关系是相对透明的。自发明"夜读抄"体后，周作人有意识地将自己的文章保持在读书笔记的形态。当然不是不动脑子的抄书，从书中摘取哪些文句，如何镕裁、缀连，如何将个人立场隐于引文中，是颇费考量的。要摆脱种种主义的标签或立场之争，"空手"进入周作人的思想世界，最笨拙却也是最有效的方式，或许是从他读过的书——不论古今中外——入手，清理这些书在他精神生活中留下的"痕迹"，哪些与他个人思想融为一体，哪些构成他应对精神危机的思想资源。

二、阅读史研究的二重证据法

　　基于苦雨斋藏书的保存现状，要复原周作人的个人阅读史，不啻大海捞针的浩大工程，不可能由某位研究者独立完成。钩稽苦雨斋藏书的主要途径，首先是系统整理周作人已刊日记中的读书、购书记录。自1917年起，周氏每年日记后多附有每月书账，以英文书、日文书为主，英文书亦用日文著录。周作人日记对于复原其阅读史的价值在于提供了一条清晰的时间线索，便于分期逐日考索其阅读趣味的演变。周氏日记不仅保留了读书、购书的记录，还可从中了解到他从哪些途径买书。值得注意的是，在1923年兄弟失和以前，周作人和鲁迅的阅读与写作颇多交叠之处，因而鲁迅日记及兄弟俩的往来书信也是复原周作人思想形成期阅读史不可忽略的一手材料。

　　钩稽周作人藏书更重要的途径，是从国家图书馆、北京大学图书馆、中央美术学院图书馆中打捞散佚的苦雨斋藏书。从事这种"深海打捞"作业，首先考验研究者的英文、日文水平，外语能力无形中限制了研究者潜水探测的深度。其次要对周作人在《我的杂学》中交代的知识据点、思想路径有相对深入的把握，才能圈定搜索范围，精准定位后展开勘探工作。更高层次的自我要求是对近代以来东西方之间以日本为中转站的书籍出版、知识环流及文化互渗有一全面认识。

周运《周作人现存部分外文旧藏目录》(《中西文化交流学报》第8卷第1期，2017年6月）一文是这方面最新的开拓性成果，为后续勘探者提供了一份初步的深海测绘图。此文对抗战胜利后苦雨斋藏书的流转经过有较详尽的考证，以国图藏书为限，分类列出他目前搜寻到的周作人外文藏书。版本目录学式的钩稽整理，为复原周作人的阅读史奠定了坚实的文献基础。本文的研究取径与周运设定的工作目标有所不同，并非目录学意义上的文献整理，意在通过披露苦雨斋的"书房一角"，探究周作人"杂学"的来源，重点考察其逆势而动的政治选择与道德观念背后的知识谱系，倾听阅读在他思想世界中引发的回声。就苦雨斋藏书的特殊性而言，更理想的研究路径是以竭泽而渔的目录学整理为基础，最终导向个人思想史及精神生活史的探究。

在阅读史研究的初始阶段，不应限于周作人文章中提及的书目及引文，而应采取文本内证与实物搜讨相结合的"二重证据法"。所谓"二重证据法"，本是疑古思潮兴起后，王国维就中国上古史的研究状况提出的。他主张将传世文献与出土文献、"纸上之材料"与"地下之新材料"相互比对，从而把史实与传说剥离开来（《古史新证》总论）。借用王国维这一说法，阅读史研究同样不能依赖作者的征引，而要将文本内证与实物发掘相结合。

阅读史研究者应同时具备收藏家的激情与侦探家的眼光，

只有长期浸淫在旧书流通的场域中，摸透图书馆的管理规则与漏洞，熟知拍卖市场的行情，经由"好古式"的搜寻，才能切身感受到实物——作为物质形态的书籍——所携带的个人记忆与历史气息。实物上残存的阅读"痕迹"（trace），包括题记、批注、印章、圈点、划痕，还有读者不经意留下的茶渍、烛泪、指纹，或因天气潮湿生出的霉点等。即便书上了无痕迹，一片空白，甚至毛边本的书页都未裁开，这种崭新的状态不也暗示出藏书者的态度？收藏家深知过眼及上手摩挲的重要性，他或许缺乏研究者那般专深的知识储备，但其对书籍本身的热情，却是一般研究者难以企及的。

题记是收藏者与这本书相遇的见证。苦雨斋藏中文古籍多有题识，略记入藏经过；然而外文藏书据笔者目前所见，多只有扉页或正文首页顶端上的藏书印，极少有其他阅读痕迹。周作人外文藏书中的一个特例，是匈牙利作家育珂摩耳（Maurus Jokai）的一部小说，名为《骷髅所说》（Told by the Death's Head）。这是周作人 1906 年秋到东京后，在本乡真砂町相模屋购买的第一本洋文旧书，由此与匈牙利文学结缘（《旧书回想录》二）。据周作人三十年后回忆，此书卷首扉页上有罗马字题曰：K. Tokutomi, Tokio Japan. June 27th. 1904，一看即知是《不如归》的著者德富健次郎（德富芦花）的旧藏。

周作人将此物收入囊中后，竟还有一段失而复得的神奇书缘，让这本书在苦雨斋藏书史上更富有传奇性。辛亥归国时周氏不知为何将此书与其他旧书一起卖掉了，或是因为育珂这部

苦雨斋藏书印,周作人藏《梦二抒情画选集》

长篇传奇小说今后不可能翻译，又或是对德富芦花晚年笃旧的倾向有所不满，但事后追思仍觉得可惜。1919年春秋周作人两度赴东京，在大学前的南阳堂书架上忽又遇见此书，似乎它在那里等了八九年之久，赶紧又买回来藏入苦雨斋中，与育珂别的小说《黄蔷薇》(*The Yellow Rose*)等作伴(《怀东京之二》)。因而如今在《骷髅所说》的扉页上，除了右上角前主人德富芦花的三行罗马字，在左下方"周作人印"旁边，还有一行钢笔字：1906—1919，应是知堂笔迹，纪念他与此书失而复得的奇遇。当我从国图借出这部《骷髅所说》，与同属苦雨斋藏书的《黄蔷薇》放到一块儿时，不禁感慨能促成这两位知堂"故友"六十年后重逢，算是续写了这段神奇的书缘。

阅读史中的实物研究，关注点过于分散，难以找到一个统合性的理论框架。本雅明的一篇妙文《打开我的藏书：谈谈收藏书籍》(*Unpacking My Library: A Talk about Book Collecting*)，

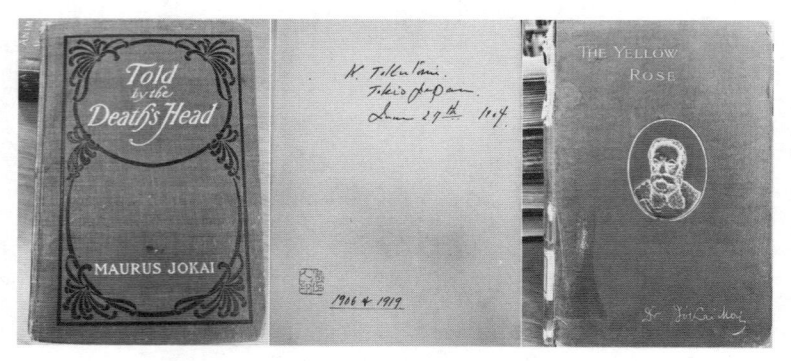

匈牙利作家育珂摩耳所著《骷髅所说》及《黄蔷薇》，苦雨斋藏书

从收藏家的视角，为以实物为依托的阅读史研究打开了形而上的理论空间。标题中"打开"这一动作，凸显出书籍的物质性，在本雅明看来，书首先是触手可及之物。收藏家与他的藏品之间，不是单纯的占有关系，而是将这些囊中之物视作它们"命运"展演的舞台：

> 收藏物的年代、产地、工艺、前主人——对于一个真正的收藏家，一件物品的全部背景累积成一部魔幻的百科全书，此书的精华就是此物件的**命运**。于是，在这圈定的范围内，可以想见杰出的**相面师**——收藏家即物象世界的相面师——如何成为命运的阐释者。

"命运"是本雅明此文的关键词，书籍自有它们的命运，追踪书籍的命运也就是变相叩问书籍主人的命运。"命运"一词或许过于玄虚，但它能给物的得失聚散赋予个人生命史的温度。当我们再度"打开"那些散落在图书馆角落里的苦雨斋藏书，拂去书脊上的灰尘，摩挲脆黄的书页，未尝不是以书为灵媒，重新占卜、阐释苦雨斋主人的"命运"。

三、周作人与丸善书店

新文化史家罗伯特·达恩顿（Robert Darnton）在《阅读史

初探》(First Steps Towards a History of Reading)一文中总结说，如果把阅读视为一种社会行为，要回答几个基本问题：who（谁在读）、what（读什么）、where（在哪儿读）、when（何时读书），更具挑战性的问题是：why（为什么要读）、how（怎么读）。除了场所、心境、动机，阅读史的关注范围不限于读者与书之间，若纳入社会学的视野，还包括书籍的流通渠道，如何进入读者的视线，进而流入学者书斋。从周作人日记不难看出外文书店尤其是日本东京的丸善书店，在他知识谱系的建构过程中发挥着类似于吸水泵的作用。经丸善订购的英文书、日文书，使其能及时跟进西方最新的文艺思潮及学术动向。用周作人自己的话说，"丸善虽是一个法人而在我可是可以说有师友之谊者也"。

抗战前夕，周作人应《宇宙风》杂志之邀，为"日本与日本人专辑"撰写回忆文章，其中用不少篇幅怀念他与丸善书店近三十年的情谊。1906年8月周氏初抵东京，当时位于日本桥通三丁目的丸善还是旧式楼房，他最早购入的是圣兹伯利（G. Saintsbury）的《英文学小史》(A Short History of English Literature)及泰纳文学史的英译本。正是从此类欧洲文学史中，周作人窥见现代"文学"的基本轮廓。在他最初的印象中，丸善的二层空间不大，"四壁是书架，中间好些长桌上摊着新到的书，任凭客人自由翻阅，有时站在角落里书架背后查上半天书也没人注意，选了一两本书要请算账时还找不到人，须得高声叫伙计来"。这种不大监视客人的态度给周作人留下愉快的印象。而鲁迅对东京旧书店的回忆，正好与周作人形成有趣的对照，在他翻译的《小约翰》序中，对神田区一带的旧书坊有段生动的描写：

> 每当夏晚，常常猬集着一群破衣旧帽的学生。店的左右两壁和中央的大床上都是书，里面深处大抵跪坐着一个精明的掌柜，双目炯炯，从我看去很像一个静踞网上的大蜘蛛，在等候自投罗网者的有限的学费。

鲁迅眼中这个"静踞网上的大蜘蛛"的形象，与周作人在丸善感受到的宽松自由的氛围相映成趣，或从一个侧面折射出兄弟俩的性格差异。

鲁迅书信日记中屡屡提及丸善书店，如1911年赴日本催促周作人夫妻回国，事后给老友许寿裳写信说，在东京"居半月而返，不访一友，亦不一游览，厪一看丸善所陈书，咸非故有，所欲得者极多，遂索性不购一书。闭居越中，与新颢气久不相接，未二载遂成村人，不足自悲悼哉"。对辛亥前后蛰居越中的鲁迅而言，丸善作为文化透气孔的意义愈发显露，离开这一接触世界新潮的孔道，无法呼吸外间空气，便有沦为"村人"之虞。

鲁迅日记中丸善出现的频率不低，在兄弟失和前，多与"二弟"周作人有关。如1914年3月9日"为二弟寄丸善一元买本年《学灯》"；1915年10月7日"上午寄二弟书二包"，内中有"丸善《学灯》一册"；1916年11月8日"午后寄丸善书店银二元,为二弟买书";1917年12月14日"丸善寄来《德文学之精神》一册,英文,二弟买";1918年7月1日"得丸善信并书一包,又中西屋一包,各一本,皆二弟所定";1919年4月19日"往日邮局取书一包六册,日金廿亦丸善寄与二弟者"。

鲁迅为周作人代买的《学灯》,是丸善书店的英文书目,创刊于明治三十年(1897),系日本最早的PR杂志(参见《丸善百年史:日本近代化のあゆみと共に》)。在创办《学灯》之前,丸善书店发行过《洋书目录》(1880)、《和洋书籍及文房具时价月报》(1883),此后还发行过《新着洋书案内》(1914)、《丸善新刊洋书案内》(1917)。作为丸善书店的机关刊物,《学灯》的特殊处在于,它不仅是广告宣传册,更是一个文化窗口,可窥见西方最新的文艺思潮、学术动向。将《学灯》从单纯的洋书目录改造为文化窗口的,是明治文坛的活跃分子,兼有评论家、翻译家、小说家多重身份的内田鲁庵(うちだ ろあん)。1900年内田鲁庵加入丸善书店,担任《学灯》编辑,赋予了这份PR杂志新的文化使命。可以说鲁庵是丸善形象的制造者,甚至说"丸善即鲁庵"。

1918年周作人在北大演讲日本近三十年小说史,称明治四十五年间日本文化界将欧洲文艺复兴以来的思想逐层经历过,现已赶上现代世界的思潮,在"生活的河"中同一游泳。从表面上看,明治日本始终在模仿西洋,但并非原样照搬,可以说是"创造的模拟"。周作人在演讲中引述内田鲁庵对当时小说家的批评,谓其与社会隔离,未尝理解时代精神。看重时代精神

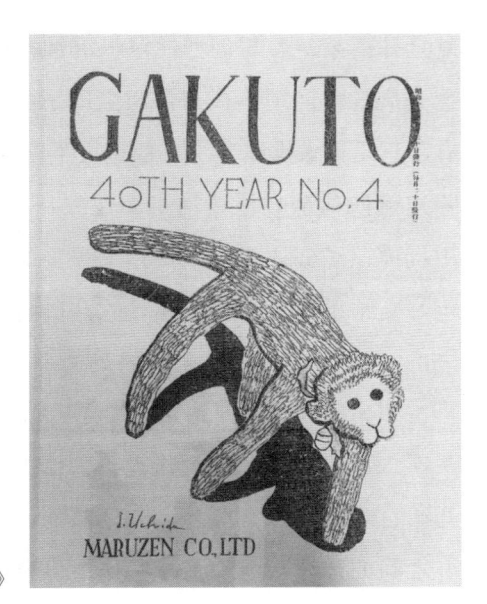

丸善书店英文书目《学灯》

的鲁庵认为，读书的意义在于以书为媒介去感受时代脉动，所以无论什么名著若失去时代感，就好像漏气的啤酒淡乎寡味。在鲁庵看来，忽视新著者并非真正的读书家，若非以饱尝时代的新鲜味为目的而读书，就谈不上真正的读书。对新著的推崇，对时代精神的高度敏感，正符合内田鲁庵作为丸善《学灯》编辑的身份。周作人曾向松枝茂夫透露，其"读书作文甚受日本二先辈之影响，即内田鲁庵、户川秋骨是也"。周氏虽未道出内田鲁庵对他的具体影响何在，但肯定离不开鲁庵作为《学灯》编辑所给予他的西学给养。

不定期购买丸善书店英文书目的不止周氏兄弟，据毕业于复旦外语系，参与创办浅草、沉钟社的陈翔鹤回忆，1922年郁达夫从日本回国不久，带回满屋子的书，英法德日文，什么都有，只是不太有线装书。郁达夫不习惯正襟危坐地跟人谈学问，陈翔鹤向他请教该读何书，他便从书架上顺手取下一些书来，用抚摸孩子似的手法，拍拍书顶上的灰尘，说这本也好，那本也好，结果还是不得要领。陈翔鹤自己想出一个办法，从郁达夫的书堆里找出几册丸善的英文书目，请他在书名上做标记，再按图索骥找来读（陈翔鹤《郁达夫回忆琐记》，《文艺春秋》1947年第1期）。在郁达夫的指点下，借由丸善的英文书目，陈翔鹤开始自动研读外文原著。陈翔鹤的回忆应该不是孤例，在东西方之间的知识环流中，丸善作为讯息中转站的辐射范围，便是通过《学灯》这类英文书目，从留日学生群体渐次扩散到中国内地。

中国本土如北京、天津、上海等大城市也有外文书店，为何读书人要舍近求远，更愿意向丸善求助？不妨来看九叶派诗人辛笛的买书记。1930年代前期，辛笛求学于清华大学外文系，他对国内专售新书的英文书店均无好感：天津、上海的伊文思（Edward Evans & Sons. Lid）以卖外文教科书和文具为主；北京饭店附设的书店，大都针对外国游客、传教士和所谓"中国通"；上海别发洋行（Kelly & Walsh）则专门招徕大腹便便的洋商富贾为座上宾，没有多少高深的学术著作或文艺读物，而且标价奇昂，令囊中羞涩的青年学生只好悻悻而去。经师友介绍，辛笛学会跟伦敦福艾尔书店（Foyles）和东京丸善书店打交道，让两家书店随时寄目录来，从中挑选自己需要的二手书，用 C.O.D.（Cash on Delivery）的方式邮购（《旧书梦寻》）。丸善书店的触角能超出留日学生群体延伸到中国内地，主要得益于"代金引换"的邮购政策及健全的售后服务。

丸善书店细致周到的服务工作，令许多中国读者终身难忘，据贾植芳晚年回忆：你只要投函给书店，写明自己的专业、爱好，丸善就会向你提供有关部类的书讯；遇到廉价书出售，也会不失时宜地寄送书单给读者挑选。读者提供所需书目后，丸善先照单寄书，如你翻看后决意购买，再汇款不迟；若不中意，只要按时退还原书，邮资概由书店承担。即便是书目上未收之书，也可托其向原出版地代购，决不失信（《怀念丸善书店》）。贾植芳认为丸善书店像相信自己那样地相信读者，在他早年建设自己"知识工程"的过程中，丸善是一个良朋益友。他兄长及周围朋友的外文藏书，也大都是通过丸善积累起来的。

周氏兄弟留学归国后，也主要以"代金引换"（だいきんひきかえ）的方式向丸善订书。如1919年4月中旬周作人携妻儿去东京探亲，鲁迅来信嘱咐：

> 丸善之代金引换小包已到，计二包，均于今日取出。《欧洲文学之ペリオドス》计十一本，所阙者为第十二本（The Later 19 センチューリー）不知尚未出版，抑丸善偶无之，可就近问讯，或补买旧书。又书上写明每本 5s net，而丸善每本乃取四圆十五钱，亦相差太远，似可以质问之

也。今将其帐附上，又结算书一件亦附上，记汝曾言当亲向彼店清算也。

此次所购之书，即 G. Saintsbury 编辑的《欧洲文学之各时期》。这封信披露了周氏兄弟与丸善交涉的具体过程。

丸善书店在东西方文化交流史上的位置，正如日本私小说家田山花袋所言，"十九世纪欧洲大陆澎湃的思潮通过丸善书店的二楼，也曾给这座远东的孤岛源源不绝地送来过细微的波动"（《东京三十年》）。而这细微的思想波动又以丸善书店为信号中转站，影响到包括周氏兄弟在内的近代中国留日学生群体，进而以"代金引换"的方式辐射到中国内陆。

本文以阅读史为入口探究周作人的思想世界，而非以周作人为阅读史研究的一个案例。之所以从阅读史进入，是试图让自己"大于"研究对象。面对周作人这样的"杂家"，学院派的研究者未免有知识库存不足的焦虑，自己的阅读储备无论在深度还是广度上都难以与周作人这一代相抗衡。为了与研究对象保持一种相对平等的对话状态，不得不追寻他思想发展的轨迹，尽量去读他读过的那些书，当然这可能是吃力不讨好的工作。

书本知识未必全部转化为读者手头的库存知识（stock of knowledge at hand），库存知识未必成为应对危机的思想武器，自家的秘密武器未必件件展示给外人看，因此海明威的"冰山"原理同样适用于阅读史研究。周作人在文章中显露的，只是他闭户读书的冰山一角，十之七八的阅读经验是隐藏于字缝中，或未形诸文字的。是否值得为了一勺水，去追溯一池水、一江水的形态？阅读史研究不能停留在浮出水面的冰山一角，而要以版本目录学的文献钩沉为导引，潜入深海努力测绘出知堂"杂学"的冰山全貌。

（原刊于《现代中文学刊》2018年第6期）

周作人与胡适的"方外唱和"

1938 年 9 月 30 日《燕京新闻》"文艺副镌"第一期上，刊出了藏晖居士与知堂的《方外唱和诗钞》。编者按语称，"前北京大学教授周作人先生，现任本校客座教授，承他将他与藏晖

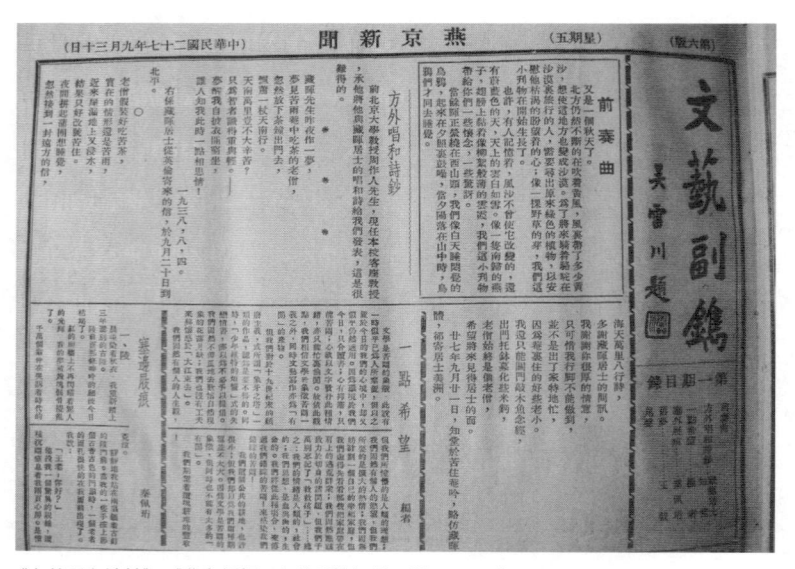

《方外唱和诗钞》，《燕京新闻·文艺副镌》第一期，1938 年 9 月 30 日

居士的唱和诗给我们发表,这是很难得的"。这组赠答诗,不仅对"七七"事变后选择留在北平的周作人而言,有非同寻常的意义;对于华北文坛,乃至抗战初期整个文化界而言,也是不可轻视的文献。

　　周作人为何要将他与胡适的唱和交给《燕京新闻》这样一份受众有限的校园刊物来发表?其实是想顺带传递出他就任燕京大学教职这个信号。周作人之所以去燕大谋职,是因为"当时规定燕京和辅仁两大学虽是私立,但其地位是与国立的平等,凡在该两校的人就与在国立大学一样,换句话说即是'忠贞之士'"(《文人督办到反动老作家》)。留守"苦雨斋"的周作人也不得不去燕大"躲雨",有了"客座教授"的头衔便可推托伪大学的招请。

一、藏晖居士的劝驾诗

　　交由《燕京新闻》发表时,周作人将胡适与他的这组赠答诗冠名为"方外唱和"。所谓"方外",是相对于"方内"而言的,语出《庄子·大宗师》篇:"孔子曰,彼游方之外者也,而丘游方之内者也。"方,常也,世俗秩序、邦国律法之谓也。胡适与周作人虽以"老僧"、"居士"相称,此番唱和却未能超然于世俗礼教之外,实则受制于"方内"秩序,恰是做给"方内人"看的。

藏晖居士的来信，只有八行诗，既无题目，也无上下款，作于1938年8月4日，寄自英国伦敦：

> 藏晖先生昨夜作一梦，
> 梦见苦雨菴中吃茶的老僧，
> 忽然放下茶锺出门去，
> 飘萧一杖天南行。
> 天南万里岂不大辛苦？
> 只为智者识得重与轻。——
> 梦醒我自披衣开窗坐，
> 谁人知我此时一点相思情！

胡适这首诗，无需注疏，一言以蔽之，劝驾而已，不过是以相对含蓄的方式，借梦境来促驾。

此时远在欧美、忙于外交事务的胡适，为什么会忽然想起做这样一首没头没尾的白话诗，投赠留在北平的周作人？1937年8月7日，卢沟桥事变一个月后，周作人写信向胡适求助：

> 一月不相见，事情变化至此，殊出意料之外。学校恐不能开门，弟家累甚重，回南留北均甚困难，未知兄可否于编译会设法每月付给若干，俾暂时维持生活，过几个月再看，如能离开此地当再计画也。此外无可设法，望兄能赐援手，至感，至感。（《胡适遗稿及秘藏书信》第29册）

从作诗前后胡适来往书信及日记中亦可找到一点线索。1938年7月30日胡适致傅斯年信中，称自己受"逼上梁山"，万不得已，"只得牺牲一两年的学术生涯，勉力为之，至战事一了，仍回到学校去"。所谓"逼上梁山"，即被"逼"去美国做大使。胡适为此事踌躇数日，自知没有理由可以推辞，这跟征兵一样，不能逃，实亦不愿逃。其在蒋介石的再三敦促下决心允任，终于打破了他归国之初立下的"二十年不入政界"的戒条。胡适接任美国大使的这番心理波折，或许是促使他写诗劝周作人南下的内因。"天南万里岂不大辛苦？只为智者识得重与轻"——孰重孰轻？胡适以为"此时当一切一切以国家为前提"。

胡适这首委婉的"劝驾"诗，9月20日才到北平，21日周作人即作新诗十六行，"略仿藏晖体"：

> 老僧假装好吃苦茶，
> 实在的情形还是苦雨，
> 近来屋漏地上又浸水，
> 结果只好改号苦住。
> 夜间拼起蒲团想睡觉，
> 忽然接到一封远方的信，
> 海天万里八行诗，
> 多谢藏晖居士的问讯。
> 我谢谢你很厚的情意，

只可惜我行脚不能做到，
并不是出了家特地忙，
因为菴里住的好些老小。
我还只能关门敲木鱼念经，
出门托钵募化些米面，——
老僧始终是个老僧，
希望将来见得居士的面。

周作人的答诗，除一二释家用语，同样明白如话。诗中所云不能南行的理由——"因为菴里住的好些老小"，与他此前向外间友人反复陈述的"家累"无甚区别。沦陷下周作人的对策，无非"关门敲木鱼念经"、"出门托钵募化"，翻译过来，大致是闭户读书、出门乞食的意思。不计前嫌，托郭绍虞向燕京大学讨钟点，即属"托钵募化"之事。答诗的最后两行，算是周作人对胡适的某种承诺，守住故我，"见得居士的面"，便也见得国人的面。

与这首"苦住庵吟"同时寄出的，还有周作人作于9月23日的一封信，进一步向胡适解释他无法南下的原因。此信存于《胡适遗稿及秘藏书信》中，研究界较少援引，故人名、隐语稍加注释，全文抄录如下：

二十日得前月四日惠寄新诗，忻感无似。即写一首奉答，别纸写上，乞赐览。近日公超（叶公超）暑假北来，述孟真

（傅斯年）意与兄相同，但弟处系累多，不能离平，此情形孟邻（蒋梦麟）知之较详。弟夫妻只二人，小儿（周丰一）去年北大亦已毕业，本来行止不成问题，唯小女（周静子）因堉（杨永芳）往陕携其二儿寄居此间，又舍弟（周建人）之妻儿四人亦向来同住，在上海入学时髦，对其家属已有两年不寄一字来，因此敝庵中人口不少，弟如离开则两处需用，更不能支矣。募化米面，前处译事本是其一份，而近来打六折，又迁香港，恐将停顿，神话之本文及研究，神话论已成三十万言，注释繁重只成一章已有二万字，大约注释全部亦当有十余万言，夏中因病中止，希望本年内成了，了却一桩多年心愿。九日起往司徒氏义塾（燕京大学）担任两课国文，每星期去一天计四小时，但不能抵译会米面之半，亦慰情胜无耳。前四十年有人为算命，当中举人，计当教员多年正是学老师之地位，若祭酒司业那有此福分承受，况弟已过知命之年，此当已知之矣。

落款署名"知堂和南"，并钤有"冷煖自知"一印。此信言及"家累"，不避细琐。最后一句所谓"祭酒司业"云云，系向胡适澄清关于他预备"出山"任伪北大校长的传言。9月24日周作人日记云："燕大王维朴来，嘱为《燕京新闻》作文，允以诗予之"。这便是"方外唱和诗钞"发表于《燕京新闻》的缘由。

苦住庵吟，奉答藏暉居士。

老僧假装好吃苦茶，
实在的情形还是苦雨，
近来屋漏地上又浸水，
结果只好改调苦住。
夜间拼起蒲团想睡觉，
忽然接到一封远方的信，
海天万里八行诗，
因谢藏暉居士的问讯。

周作人《苦住庵吟》，《胡适遗稿及秘藏书信》第29册我谢：你很厚的情意，只可惜我行脚不能做到，并不是出了家特地也，因为年纪住的好些老小。我近只能闭门敲木鱼念经，出门托钵募化些米麺，——老僧始终是个老僧，希望将来见得居士的面。

廿七年九月廿一日北平，知堂。

二、"方外唱和"的社会效应

胡适与周作人的赠答诗,内部并没有太多阐释空间,有意思的反倒是这组"方外唱和诗"的传观过程,及在"方内"——士林引发的争议。1938年11月30日,事变后并未离平的邓广铭给胡适写信,称:

> 月前在苦雨斋,见到吾师的诗札和周先生的答诗,当时曾起了无限感触。周先生的答诗,吾师当已看到,此间一般师友的议论,都以为较之来诗,无论就立意或措词方面,都逊色得多。周先生素以散淡闲逸,能洁身自好而受到一般人的尊仰,竟不料事变未久,即借口于米盐蔬笋诸事而向人宣称"准备出山"了。(曾正式向沈、马、钱三先生如此表示,马先生对此最为愤激。)吾师诗札到后,似乎很引动起他的一些愧悔的心情,不但于答诗的末尾作了切实的声明,而且对此唱和二诗也竭力向友人间广播,想是以此作为忏悔录了。

且不论周、胡二诗在立意或措词上的高下,北平"一般师友的议论",与其说是针对诗本身,不如说是对两人立身处世的评价。

值得注意的是,作为学生辈的邓广铭对周作人心理的揣测,以为胡适这八行诗勾起了周的"愧悔"之心,其向友人极力散布的用意，在"以此作为忏悔录"。就周作人当时的心境而言，他未必把与胡适的唱和诗当作忏悔录，但邓广铭的揣测至少透露出有资格出入苦雨斋、相对熟悉其处境的友人，期待看到动了"出山"之念的周作人以某种形式作出忏悔。

"方外唱和诗"的传观范围不限于苦雨斋中，亦不止于沦陷北平，在周作人及其座上客的竭力散布下，成为士林关注的焦点。1938年底，上海《文献》杂志刊发了周黎庵的一篇文章，不仅完整地抄录了胡、周二人的赠答诗，还交代了"方外唱和"的传播路线，及这两首诗之于"方内"，尤其是上海文坛的意义。蛰居孤岛的周黎庵从"香港友人"那里得知关于周作人的消息，"那是刊在《星座》上的两首诗，短短十六行中，传来令人喜悦和保全了士类清白的佳音，使许多人觉得几月前为他委婉声辩而写的文字并不是浪费笔墨"。

转载于《星岛日报》"星座"副刊上的这两首诗，又是怎样从沦陷北平传入香港的呢？为保存"文献"计，周黎庵特地抄录了寄诗者的附札：

> 昨日至苦雨斋，未就座，即得斋主递与信一件，内储诗两首，一为藏晖先生八月五日遥自英伦寄来者，内中别无一字，唯有八行诗一首，无题，且无上下款。另有斋主答诗一首，盖所以表明态度者；顺手即将诗抄下。当时斋中陆续到有许多客人，此赠答诗亦一一传观，斋主并已分抄数纸寄与此间友人，据其意盖欲藉此辩解前此一切传说。

即席又有所表示云，前此之所以应允某事，盖以某人不干预为条件，其后"徐公"诸人（按：当系指徐祖正、钱稻孙）既均碰有满面灰尘而告退，则自己当不再上当矣。

虽不能确认寄信者是谁，但肯定是事变后留居北平，有资格出入苦雨斋的圈内人。与邓广铭写给胡适的那封信相比，此信着重描写当日苦雨斋中的场景，更具画面感，其对"斋主"心事的把握也较有分寸，"盖所以表明态度者"，"欲藉此辩解前此一切传说"，未必以此为忏悔录。

需稍作注解的是众人传观唱和诗后周作人的即席表态。"前此之所以应允某事"，是否即邓广铭所云，其向沈兼士、马裕藻、钱玄同宣布"出山"之事。"徐公"诸人之碰壁，则可引朱光潜《再论周作人事件》中1938年4月4日"北平友人"的来信作注脚："徐公"即徐耀辰"此次就职后突又称病辞职，系因与黎士衡争女学生"，"至于院长办公室有日人帮同照料，聘请教授，须经友方审定，尚是枝节的原因"。至于钱稻孙，在这位熟悉内情的"北平友人"眼里，更是"委琐不堪"，"任何人皆可呼之唤之，奴役之，招之代课即代课，招之传译即传译，招之侍宴即陪席，招之开会即列坐，甚至命领新政府官养成所之官员东渡，即顺从之不暇"。朱光潜虽未明言"北平友人"的身份，却称来信者与周、徐二公都很熟识，与钱稻孙且有师徒之谊，因而无厚此薄彼之必要，看此人的语气对于徐、钱则直认为附逆，对于周作人则仍表示尊敬。

向香港寄诗者的身份暂且不明，从《星岛日报》这一接收方，也许能查出"方外唱和"的传播媒介。香港《星岛日报》创办于1938年8月，副刊由戴望舒主持，定名为"星座"，是流寓港岛的上海文化人的聚集地。胡、周二人的唱和辗转刊载在1938年10月16日《星岛日报》"星座"副刊上，题为《故都新讯》，署名"燕石"。前言称最近接到北平友人来信，述及知堂老人的近况，并附有藏晖居士与苦雨斋的赠答诗，"现已证实其已受'燕京'之聘，终免'更生'之辱，虽未能如众所期翩然南来，已不致为人所役觍然北面"。由这段前言可知收信者在"周作人事件"上的立场偏向体谅的一方。

这位"燕石"曾在"星座"副刊上发表《周作人的思想》一文，指出"批判地克服了莎凡主义的倾向（笔者注：狭隘的民族主义）"与历史循环论是周作人"自甘没落"的思想依据。辅之此人在"星座"副刊上发表的其他文字，大致可以判定"燕石"即卢沟桥事变后离平南下，留滞港岛的金克木。基于北平沦陷前金克木与邓广铭的交谊，抄赠"方外唱和"的"北平友人"或许就是他学术上的"指路人"邓广铭。

除了与北平境况略相似的孤岛上海，周作人编排的这出"方外唱和"在大后方似乎既不叫好，又不叫座。1938年11月间，重庆《扫荡报》副刊转载了胡、周二人的赠答诗，只录了一首半，"苦住庵吟"十六行仅剩下表明态度的后半段。诗后附有数百字的按语，说此间关于周作人的谣言颇多，不必特别辩护，以增无谓的纠纷，"只以事实胜于雄辩的精神把新近得到的材料，贡献给大家以供参考"。

但左翼作家孔罗荪以为，周作人这半章诗并非事实，恰是"雄辩"，以生活为借口，一面闭门念经，一面出门乞食，对于胡适的劝驾，只好"谢谢"了事，颇有"浑然之妙"。生活也许是事实，问题在于周作人念的是哪本经，又能募到谁家的米面，来维持苦雨斋"豪"惯的生活。据在《扫荡报》上发布唱和诗者说，所谓"托钵募化"乃指在燕大授课，每月领一百元薪水云云。但孔罗荪觉得解释不过去，凡熟悉周氏过去生活者，都知道区区百元薪金，实在撑不起"苦雨斋"的门面。周作人自己也承认，燕大每周四小时的功课，"不能当作生计"，"聊以避俗"而已。

三、"回首冤亲一惘然"

周作人的"北大感旧录"中关于胡适这一节，不仅抄录了藏晖居士与苦住庵主的"方外唱和"，还找到沦陷时期胡适给他的另一首赠诗，作于1939年12月13日，仍署名"藏晖"，其词云：

> 两张照片诗三首，今日开封一惘然。无人识得胡安定，扔在空箱过一年。

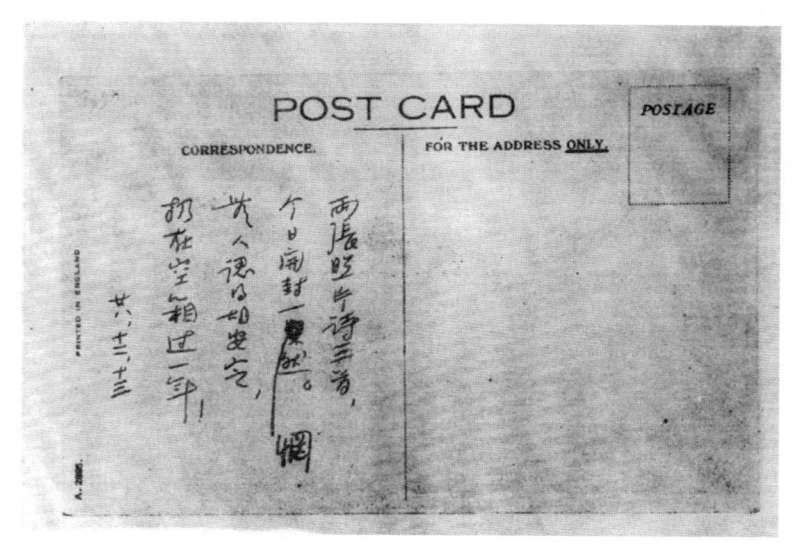

1939年12月13日胡适答周作人诗

这是周作人接到的胡适的最后一封信。《知堂回想录》竟声称"诗里所说的事全然不清楚了",与其说是记忆模糊了,不如说是他有意模糊了这段记忆。对照胡适当天的日记,才知道所谓"两张照片诗三首"都与1939年元旦周作人遇刺事件有关:

> 周知堂去年九月寄一信一诗,又今年一月被刺后二诗和照片两纸,信封上写"Dr. A. T. Hu, 胡安定先生",由华美协进社转。孟治兄不知是我,故搁到今天才转来。(最近他问我,我叫他寄来。)

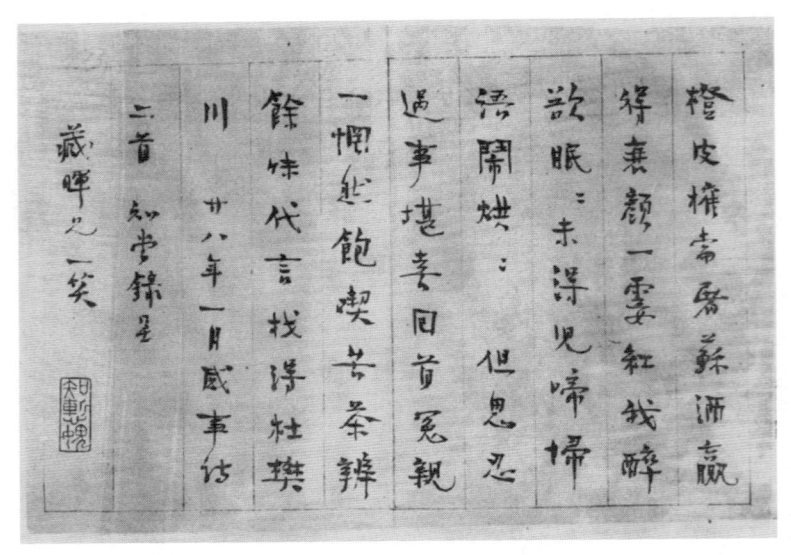

周作人1939年元日感事诗，题赠胡适

胡适在日记中并没有提及当日他又作诗回赠知堂一事。所谓的"两张照片诗三首"，除了1938年9月周作人寄给驻美中国使馆转交"胡安定"的答诗，即日记中提到的"今年一月被刺后二诗和照片两张"。

照片是周作人被袭后第三天在八道湾11号寓所西厢前拍摄的，从照片上还可以清晰地看见棉袍稍稍偏左的地方有一弹壳。值得玩味的是，周作人遇刺幸免后摄影留念并分送友人的心态，仿佛是想将这种烈士般的形象定格下来。所谓"诗三首"，除了"方外唱和"中的答诗，另两首应是其遇刺后所作的"元日感事诗"。"今日开封一惘然"似呼应知堂"元日感事诗"中的"回

周作人 1939 年元旦遇刺照，
摄于八道湾寓所

首冤亲一惘然"，但真正令胡适怅惘的，恐怕不是事隔一年后才收到这些诗作，而是遇刺事件后周作人"出山"的决断，已经抵消了"方外唱和"所起的社会效用。

（原刊于《鲁迅研究月刊》2012 年第 11 期，
题为"见诸言议的周作人事件"，略有删节）

沦陷下的顾随与周作人

一、"一体苦住"

《顾随全集》书信卷收有顾随致周作人的一封残信:

> 晚饭后得吾师手书,又语录三章,如大热得美荫,积困为之一苏。题王君画及题弘一法师书二章已见过,但师跋语中"鱼沫相呴"一语,弟子所感实深。一体苦住,故能感受。但道有浅深,吾师出语,雍雍穆穆。若弟子则不免有浮气燥气,至少亦有愁苦气也。

此信落款日期为"五月廿五灯下"。要为这封信系年,不妨从信中提及的"语录三章"入手。"题王君画及题弘一法师书",即周作人的两条题跋,作于 1935 年 6 月 27 日,全名为《题王显诏山水画册》及《题弘一法师书〈华严经偈〉》。这两则语录作为"药草堂题跋"中的两章,发表在 1938 年 6 月 24 日北平《晨

顾随，取自《辅仁年刊》

报》上。除此二章外，同时发表的题跋有：《〈绍兴十八年同年录〉书后》（民国二十五年十一月十四日灯下）、《寄甘山》（二月二十一日）、《寄法明》（三月六日）、《〈三不朽图赞〉题记》（民国二十五年十二月三十日）。

由周作人标记的写作时间可知，这六条题跋中有四条是1937年"七七"事变前所作。没有标明年份的两章：《寄甘山》、《寄法明》，性质略有不同，与其说是题跋，不如说是书札。法明是雍和宫的一个和尚，周作人的弟子废名曾和此人同住。"甘山"何许人也？先看这则书札的内容：

手书诵悉。承示文章，颇有兴趣。昨晚偶读余澹心《东山谈苑》，随笔写一小文，另纸录呈，以发一笑。无兴趣亦无闲暇写长篇文字，随手作百许字题记，聊可自娱，但苦于不能惬好，大抵不难于巧而难于拙，阁笔自思，往往惭愧与快乐夹杂也。上午方录好一纸，开元师兄（笔者注：沈启无）来便尔持去，饭后重抄，恐字益草率矣。不具。二月二十一日，药堂白。

周作人每日随手写就的书札不在少数，为何要将这则"寄甘山"公开发表？且发表时，不标明年份，又与几条无关痛痒的旧文混在一起，似乎此信也是"七七"事变前所作。

然而，这不过是文人的障眼法。《寄甘山》的写作年份不难考订，信中云"昨晚偶读余澹心《东山谈苑》，随笔写一小文"，此文即与上述《药草堂题跋》同日发表在《晨报》上的《读〈东山谈苑〉》。而《读〈东山谈苑〉》作于"民国二十七年二月二十日灯下"。据"昨晚偶读"云云推断，《寄甘山》落款处之"二月二十一日"，即1938年2月21日。

抄寄"甘山"的《读〈东山谈苑〉》并非周作人"随笔"写就的读书札记，而是有所为而作的辩词，故"不难于巧而难于拙"。文中引《东山谈苑》云："倪元镇为张士信所窘辱，绝口不言。或问之，元镇曰，一说便俗。"周作人表彰倪云林之"一说便俗"，其实是为事变后自己所持的"不辩解说"辩解。

查1938年2月21日周作人日记，"发信"栏中有"苦水"之名。"苦"对"甘"，"水"对"山"，"甘山"即"苦水"，原来此信是写给顾随的。有意思的是，"苦水"与"药堂"这两个

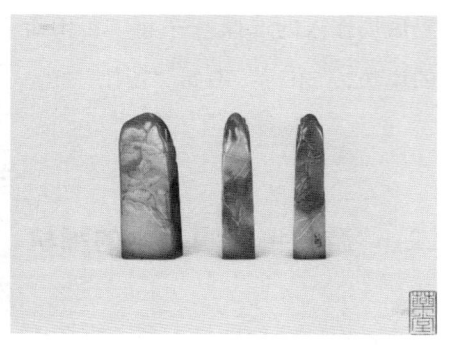

顾随印章"苦水",
取自《天行山鬼印蜕：魏建功印谱》

周作人印章"药堂"

别号的呼应关系。周作人沦陷时期的文集名，多与"药堂"这一别号有关，如《药味集》、《药堂语录》、《药堂文集》、《苦口甘口》。而顾随1938年作诗云，"苦水是药"、"药是苦水"。

  回到《顾随全集》收录的那封残信，由"题王君画及题弘一法师书二章"的发表时间及信中暗示的时代氛围推断，这封信应写于北平沦陷后，更确切地说是1938年5月25日。周作人题跋中"鱼沫相呴"一语，即基于沦陷下知识人的共同处境。据沦陷八年困守北平的常风回忆，"七七"事变后他常去苦雨斋拜访，觉得周作人"当时似乎有点寂寞"。有一次常风说起他和大学时代的哲学系教授邓以蛰住得极近经常来往，过几天就接到周氏来信，问邓以蛰住在何处，"说需要相濡以沫"（《记周作人先生》）。常风这段回忆，可为周作人"鱼沫相呴"一语作注脚。顾随信中"一体苦住，故能感受"云云，亦是回应北平沦陷后周作人的选择——将"苦雨斋"改名为"苦住庵"。用佛家的说法,"乐行"不如"苦住"也。

二、"游僧诗"唱和中的禅机

现存顾随致周作人的八封信中,还有一则短札,年月不详,也应是沦陷时所作。信中云:"比来写字之余,时时为小诗自遣,兹挑录一章请正。吾师兴致何似?译书外,有新制否?"可知沦陷时期师徒二人的关系,除登门晋谒、书札往还外,还借诗词唱和来维系。

顾随曾将他沦陷时期的诗作编订为《倦驼庵诗稿》。据说这份诗稿并未刊行,全稿已散佚。编《顾随全集》时,辑得沦陷时期诗作一百五十余首,其中竟未见顾随与周作人唱和之作,不知业已散佚,还是存而未录。唯有《一九四五年元日以病不出门,试笔得小诗四章》其三中出现周作人的身影:

> 将心杀境境难空,扶得西来又倒东。
> 梵志当年翻着袜,至今惟见药堂翁。

"药堂"即周作人沦陷时期常用之别号。"翻着袜"典出王梵志诗,顾随此处化用周作人1940年底作的一首打油诗:"居士若知翻着袜,老僧何处作营生。"这首1945年元日试笔,说明周作人"落水"后，顾随并未与其撇清关系，这种"鱼沫相哟"的师徒关系一直维持到沦陷末期，甚至是抗战胜利后。这首诗化用的典故"翻着袜"，更含有对周氏处世姿态——"乍可刺你眼，不可隐我脚"——的认同。

若将周作人沦陷时期的《苦茶庵打油诗》与顾随同一时期的《倦驼庵诗稿》两相对照，单就诗中所咏之事而言，不难发现一些微妙的呼应。如《苦茶庵打油诗》第一首：

燕山柳色太凄迷，话到家园一泪垂。
长向行人供炒栗，伤心最是李和儿。

此诗录于1937年12月21日，周作人附注云："一月前食炒栗，忆《老学庵笔记》中李和儿事，偶作绝句，已亡之矣。今忽记起，因即录出。"如何用炒栗子来寄托故国之思，不是此处分析的重点，碰巧顾随《倦驼庵诗稿》中也有一首咏炒栗的七绝，就题为《书〈老学庵笔记〉李和儿事后》：

秋风瑟瑟拂高枝，白袷单寒又一时。
炒栗香中夕阳里，不知谁是李和儿。

《顾随全集》将此诗系于1943年，不知有何版本依据。从用事及用韵上看，"不知谁是李和儿"仿佛是"伤心最是李和儿"的回声。

仅凭零简断章尚不足以还原沦陷下顾随与周作人如何"一体苦住"。《泰山学院学报》2015年第1期上刊布的一批新材料：《新发现的顾随呈"药堂翁"诗六首》，有助于重新审视师徒二人的互动关系。可惜发现者对这六首和诗的考释出现了不同程度的偏差。论文中称"药堂师所示游僧诗现无可查考，且就和诗而说之"。正因作者没有追查周作人原作，单从字面上考索顾随和诗，导致释读上的偏差。周作人的"游僧诗"怎会"无可查考"？且不论早已结集出版的《知堂杂诗钞》（岳麓书社，1987年）、《老虎桥杂诗》（河北教育出版社，2002年），1944年上海《杂志》上刊载的二十四首"苦茶庵打油诗"，其三至六即所谓"游僧诗"。

周作人的"游僧诗"最初公开发表于上海《宇宙风乙刊》1939年第8期，总题为《偶成》，共五首，包括三首"游僧诗"和两首"元日感事诗"。从内容及韵脚上判断，这组"偶成"即顾随所和的原作。《宇宙风乙刊》上周作人"偶成"诗后附有沈尹默的《和知堂》，注云：

> 一月廿五日得知堂兄见寄新诗，读罢怏然若有所触，不得不答，辄依韵和之，语意在可解不可解之间，唯览者自得之耳。

可见周作人寄赠诗的范围，不限于沦陷北平，亦不止顾随一人。这里不得不附带提及顾随与沈尹默的关系。1943年顾随致周汝昌信中自称"近十年中作诗与作字,确实为默老烧香"。"默老"即把顾随从地方中学安置进燕京大学的沈尹默。"烧香"系佛门术语,指宗门嗣法弟子住山后,为其传法师烧香。就师徒关系而论,顾随在书法及诗法上对沈尹默的尊崇,或许比对周作人更进一层。

新发现的顾随和诗,缘起于"药堂翁以一绝见示,谓是游僧诗,戏和二首"。发现者据诗题中"戏和"二字推想:"那首游僧诗定是写得相当诙谐;也可以想见当年师徒二人读诗时,那气氛可能是相当轻松。"这一大胆的推想,非但曲解了"戏和"之义,更似对沦陷下知识人的处境与心境不甚了然。无论顾随的"戏和",还是周作人的"打油诗",都是表明心迹的"述怀",绝非轻松诙谐的游戏之作。

周作人赠顾随的这首"游僧诗",即"苦茶庵打油诗"其三:

粥饭钟鱼非本色,劈柴挑担亦随缘。
有时掷钵飞空去,东郭门头看月圆。

这首诗作于1938年12月16日,周氏跋语云:"古有游仙诗,今日偶作此,岂非游僧诗耶?"所谓"游僧诗"是接续道教"游仙诗"的传统。"游仙诗"的写作动机,多源于时空上的压迫感。面对转瞬即逝的生命,或封闭空间的迫厄,而采取一种超时空的模式,借"游仙"以述怀。周作人的"游僧诗",同样是用"方外"世界对抗"方内"秩序。

粥后钟鱼几案空 色傍禅挑担亦随缘 有时撇却无空态
东郭门头看月圆 岳坟寺前吊岳飞 沈园遗迹欠分明
偶处拄杖桥头 看流水斜阳太看情

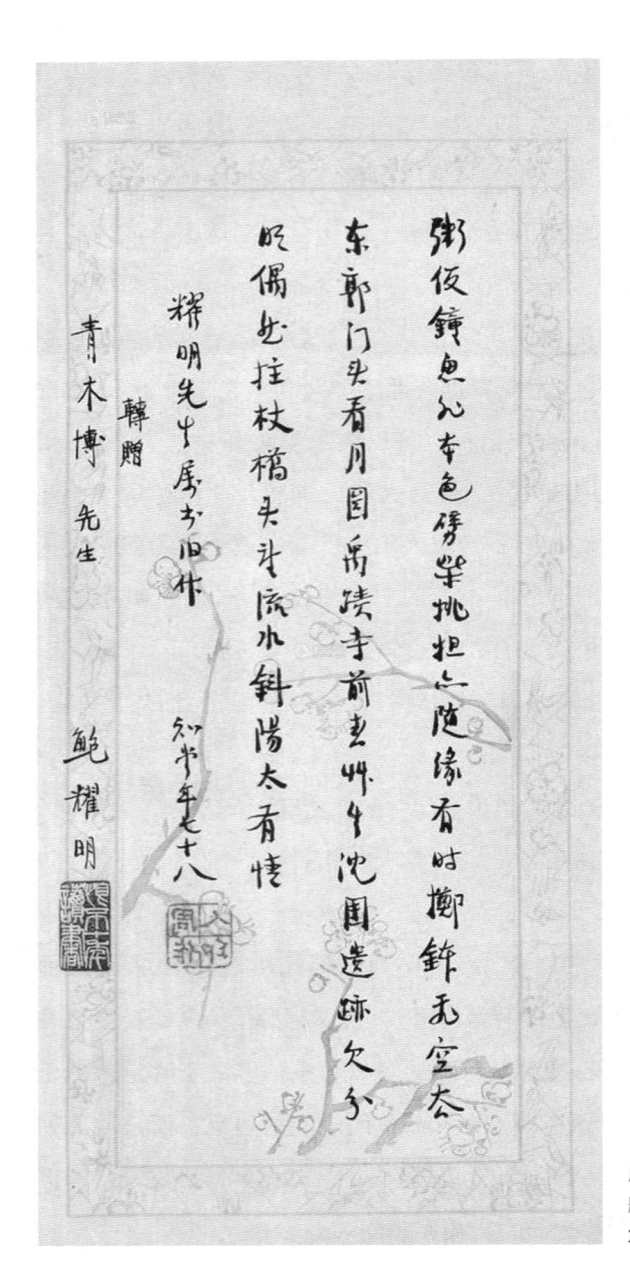

耀明先生属书旧作

知堂年七十八

青木博先生
转赠
鲍耀明

周作人晚年手抄"游僧诗"，题赠鲍耀明，见于中国嘉德2013春季拍卖会图录

"粥饭"、"钟鱼"是出家人的日常生活,"非本色"则点出苦住庵中的这位"老僧"不过是周作人扮演的一个角色——"'暂'将袍子换袈裟"。"劈材"、"挑担"乃僧门日课,在这里却被赋予了特定的象征意义,或代指事变后周氏背负的心理、生计兼道义上的重担。

"掷钵飞空去"展现得道者的神通,起到时空转换的功能,坐实了"游僧诗"的"游"字。但不是漫无目的的四海云游,而以"东郭门"为落脚点。东郭门是周氏故乡绍兴的一个水城门,在他追忆往昔生活时,总出现在这种色调的镜头中:"待得缓缓归,天色近黄昏"。对于不如归去却又无法归去的游子而言,东郭门实在是悲哀之地。

见到"药堂翁"这首游僧诗,顾随"戏和"了两首七绝:

　　南来北去充行脚,东疃西村俉化缘。
　　输与牵风青荇里,小鱼跳出浪痕圆。

　　坐卧不曾修胜业,奔波枉是结尘缘。
　　禅心欲问天边月,何似遮头箬笠圆。

顾随这两首和诗,如沈尹默所云,"语意在可解不可解之间,唯览者自得之耳"。"行脚"、"化缘"云云,指事变后顾随为维持生计四方"乞食"的经历。"输与"二字是转拐,由现实处境遁入带有禅意的诗境。"牵风青荇里"系化用杜甫诗句"水荇牵风翠带长"。"小鱼跳出浪痕圆"出自张炎《南浦》词,顾随以为张炎词如中晚唐人诗,只有"俊扮",无"丑扮","如'鱼没浪痕圆',真好,但写沉痛写不出来"(《驼庵诗话》)。

之所以说顾诗"在可解不可解之间",因其喜以禅入诗、以禅解诗。1943年顾随应辅仁大学之邀,为国文系同学讲演,声称禅与诗的相似处只在"不可说"这一点——"非不许知,乃是不许说"(《禅与诗》,《艺文杂志》第2卷第2期,1944年2月)。顾随对"不可说"并非"无"而是"真有"的领会,近乎同时期哲学家熊伟对"说"与"可说"、"不可说"与"不说"这两对概念的辨析:"可说"与"不可说"都是"说","不可说"乃其"说"为"不可",非"不说"也。故"可说"固须"说"而始"可","不可说"亦须"说"而始"不可"(熊伟《说,可说,不可说,不说》,国立中央大学《文史哲》季刊第1卷第1期,1943年1月)。从这个意义上说,周作人的"不辩解",非"不说",乃是以"不可"为"说"。

1942年顾随和沈尹默诗曰:"禅机说到无言处,空里游丝百尺长。""游僧诗"唱和中的"禅机",隐伏于沦陷下知识人"不可说"又不得不说的那部分经验。

三、元日感事诗与"无生法忍"

新发现的顾随和诗中,除了"游僧诗"唱和外,还有一首题为《二十八年元日有感呈药堂翁》。整理者据诗题推断这首诗作于1939年元旦。实则此乃顾随有感于"二十八年元日"之事而作。换言之，这首诗是"感事诗"，而非泛泛之抒怀，所感之事即1939年元旦周作人遭枪击一事。而遇刺事件是"苦住庵"中的老僧决意"出山"的转捩点。顾随此诗虽非次韵和作，但内容上对应于周作人的两首"元日感事诗"。

周作人的"元日感事诗"，一首作于1939年1月8日，此时尚沉浸在"遇刺幸免"的震惊体验中；另一首作于1月14日，已带有自我排解、自我疗治的意味：

但思忍过事堪喜，回首冤亲一惘然。
饱吃苦茶辨余味，代言找得杜樊川。

就在这两首"感事诗"的间隙，1月12日周作人接到伪北大的聘书，"仍是关于图书馆事，而事实上不能去，当函覆之"。所谓"事实上"不能去，只是拿遇刺后出行不便作挡箭牌。事实上，从1939年1月起，周作人已逐月领取伪北大图书馆的薪金。

所谓"忍过事堪喜"，未必真能隐忍，若"忍"的功夫不到家，由"喜"生嗔，反酿成横决不可收拾的局面，把平日躲在"绅士鬼"身后的"流氓鬼"引逗出来。故深谙周作人心性的钱玄同赶紧去信劝他"本平日宁静乐天之胸臆加意排解摄卫"。

由周作人"元日感事诗"的写作时间推断，顾随之"二十八年元日有感呈药堂翁"，并非作于"二十八年元日"，而作于1939年1月14日以后：

>二十年来隐旧京，幽斋小院拥书城。
>万言难补国治乱，举世谁知身重轻。
>纵使飞空看圆月，可堪忍已到无生。
>世尊不作冤亲别，翘首人间一动情。

"纵使飞空看圆月"对应于周作人"游僧诗"中的两句："有时掷钵飞空去，东郭门头看月圆"。这首"游僧诗"又题为《遇刺前偶作》，周氏加按语称"廿八年元日遇刺客，或云掷钵诗几成谶语，古来这种偶然的事盖多有之，无怪笔记上不乏材料也"。

末句"翘首人间一动情"，则呼应周作人"游僧诗"续作中"流水斜阳太有情"。1960年代周作人致鲍耀明信中说，这句诗道出他留在华北的"気持"（心境）："国势如流水东去，'斜阳'欲落，但仍是不能忘怀"。此种"不能忘怀"之情，即事变后周氏致废名信中所云，"觉得有此怅惘，故对于人间世未能恝置，此虽亦是一种苦，目下却尚不忍舍去也"。对于周氏之"动情"及苦住，沈尹默在和诗中反问："斜阳流水干卿事，未免人间太有情"。

顾随和诗中与周作人"元日感事诗"直接对应的两句，一是"可堪忍已到无生"对应于"但思忍过事堪喜"，二是"世尊不作冤亲别"对应于"回首冤亲一惘然"。周作人在与弟子的书札往还中，常戏称"尊"或"粥尊"。"冤亲"之别关系到周作人当时对行刺者身份及动机的判断，此处不展开辨析。

"可堪忍已到无生"中的"无生忍"，亦称"无生法忍"，是佛教术语。"无生忍"的"忍"非一般意义上的忍受、忍耐，对释子而言，是"智"的别称。《大智度论》卷五十云："于无生灭诸法实相中信受、通达、无碍、不退，是名无生忍。"《大乘义章》卷十二谓："理寂不起，称曰'无生'，整安此理，名'无生忍'。"简言之，"无生忍"在大乘佛教中，系对"无生"这一"实相真如"的认可。

周作人自称平常喜欢"和淡"的文字、思想，"但有时亦嗜极辛辣的，有掐臂见血的痛感"。《苦茶庵打油诗》中的个别作品，便颇有戾气，或说"生辣之致"。沈尹默曾批评顾随的诗"出语自然"，"但略嫌少生辣味"。顾随也承认自己性情温厚，"苦于狠不上来"，虽然"于世路上栽过几次跟头，吃过几回苦子"，"亦颇略略领会得咬牙工夫"，但尚未修炼到释家"无生法忍"的境界（1943年10月24日致周汝昌信）。

四、何必"说破太行山"

抗战胜利后，周作人因汉奸罪被捕入狱。狱中所作杂诗中，有首题为《打油》的打油诗，可见周氏对这一文体的态度：

昔读寒山诗，十中了一二。亦尝看语录，未能彻禅味。
但喜当诗读，所重在文字。吟诗即说话，此语颇有致。
偶尔写一篇，大有打油气。平生怀惧思，百一此中寄。
掐臂至见血，摇头作游戏。骗尽老实人，得无多罪戾。
说破太行山，亦复少风趣。且任泼苦茶，领取塾师意。

周作人再三说自家的"打油诗"，只是别一种形式的文章。若过滤掉油滑的分子，掺入忧惧之思，岂非名实不符，违背了打油诗的基本精神？打油诗自身的文类传统，迫使周作人不得不摘掉嬉皮笑脸的面具，将自己的"述怀"之作重新命名为"杂诗"。

知堂杂诗的"打油气"，还是蒙骗了许多"老实人"，或未感受到其中"掐臂见血"的痛感，或误以为是轻松诙谐的游戏之作。但若径直道破打油诗中的心事与禅机，在周作人看来，"亦复少风趣"。"太行山"事见赵梦白《笑赞》中：甲乙争太行山，甲读"泰杭"，乙读"大行"，取决于塾师；塾师偏袒读"大行"者，甲不解，塾师曰，你输一次东道不要紧，让他一世不识太行山。

周作人自号其学为"杂学"，且不肯以文士自居，更不愿自命为诗人。对于知堂狱中所作杂诗，顾随以为并非打油诗的路数，而源自阮籍《咏怀》、左思《咏史》、郭璞《游仙》以迄于陶渊明《饮酒》、陈子昂《感遇》、李白《古风》，这一脉的特点是"生理世情，诗情哲思，兼容并包"。在顾随看来，知堂"偶

二知堂詩草自序

顧隨

堂以二知名者何？勞人草草，自有此身，以迄於今，新法計之，五十之年，恰寫始滿；濁流計之，聊又方過。孔子五十而知天命，邊伯玉行年五十而知四十九年之非。二知云者，命與非之是知焉耳。非雖往已太切則知之未難。姑以二知名晉堂以自勉。而今而後，其將真有所知耶？抑竟一無所知耶？然孔子又曰：知之為知之，不知為不知，是知也。苦水而非也，堂固宜名以二知，即以二知名晉堂，庸何傷乎？三十六年春來時寫小詩自娛，彙而錄之，即命之曰二知堂詩草云爾。苦水自序於二知堂南窗之下。

附記

淪陷以來，堂名所居曰習靜庵，只是取吃苦之意而已。後復採山谷詩「卷譚時作獎鮀坐」之句而改曰倦鮀庵。其詩方研讀禪宗語錄，而又疾病糾纏也勝利後，復改名朽雕室。意若曰雖未必具潔癖，而又不敢不能不雕耳。周何以不取「糞土之牆不可圬」之義而曰糞圬？於此卻不免有俗見矣。至於二知之名，雖然有此小文為證。

二則此「三」凍確不易細耳。七月二十五日又記。

顧隨《二知堂詩草自序》，天津《民國日報》1947年8月11日成"之诗与刻意为诗者不同，后者斤斤于声调格律之间，"无一不似诗而终不成其为诗"，而其师之学"溢"而为诗，"不必似诗而终成其为诗"（《跋知堂师〈往昔〉及〈杂诗〉后》，1947年4月28日作，未刊稿）。

1947年8月顾随在天津《民国日报》上发表了一则短文，题为《二知堂诗草自序》。何谓"二知堂"，一是取孔子五十而知天命之说，二来寓有"行年五十而知四十九之非"的意思。但附记又声言，"二知"之名"此后却不拟再用，一则前人已有用之者，二则此'二'亦确不易知耳"。取名为"二知堂"又废弃不用，与其说是因为"知命"与"知非"之不易，毋宁说这一堂号不能不让人想起此时身困囹圄的知堂。

1948年7月7日，顾随给女弟子叶嘉莹写信，以无不怅惘的笔调提及知堂老人：

> 南京，不佞是一个熟人没有。有个极熟的人却住在老虎桥里。你当然知道他是谁。不过他的寂寞一定更甚于你，你此刻也决不会去看他。写着写着，废话又来了。

同年11月7日顾随日记中又出现知堂的名字："拟与知堂师写信，亦以心情不佳未能下笔"。而顾随此时也处于时代更迭之际的彷徨与焦虑中："生命，必须与以意义；倘无，急需觅得一个。生活，必须有一种才能；倘无，急需炼成一个"。1948年12月18日顾随在日记中再度为周作人抱不平，因"'华北'报载，胡适之在南京北大同学会涕泣陈词，自谓无颜见人云，知堂老人所谓露泥脸与现羊脚耶！负盛名、达老境，真不易自处也。矧丁兹多乱之秋耶"！

关注"七七"事变后顾随与周作人的日常交往与诗词唱和，意在呈现沦陷时期的师门与师道。沦陷下的师徒关系，面临着士林内部的道义压力，尤其是周作人事伪后。赵园曾指出明清易代之际师生关系往往被政治立场、道德评判裹挟，"尤为时论所乐道的，是师弟间的互动，以至弟子的主动性——其对于师的道义推动"（《制度·言论·心态——〈明清之际士大夫研究〉续编》第四章）。然而在与周作人的互动过程中，顾随几乎没有表现出世人所期待的"主动性"，从他的书札及和诗里更多流露出对其师的同情、谅解而非道义之诤。透过顾随及其他苦雨斋弟子如俞平伯、废名等对周作人"落水"事件的反应及表态，可窥见在政治与道德的双重压力下师门的庇护作用及师道的维系与变形。

（原刊于《读书》2015年第8期）

周作人与傅斯年的交恶

箭弦文章

1945年12月周作人以汉奸罪被捕,次年5月解至南京,关押于老虎桥监狱。狱中周氏作打油诗度日,后来结集为《老虎桥杂诗》。这批规模不小的狱中诗,大多心气平和,或感怀往昔,或追忆儿童生活;但也有极辛辣怨毒,"缺少温柔敦厚之致"的"箭弦文章",透露出周作人身陷囹圄时的心绪起伏。

《老虎桥杂诗补遗》(即《忠舍杂诗》)题识写道:"前录杂诗多所遗弃,近日重阅,觉得亦是前尘梦影,遗弃亦属可惜,因复加甄录数首,其比较尖刻者仍在删薙之列,唯首尾二章仍其旧,盖所谓箭在弦上之势也"。明知"尖刻",有违诗教传统,为何不忍舍弃?试看《忠舍杂诗》首章,题为《骑驴》,诗云:

仓促骑驴出北平,新潮馀响久销沉。
凭君箧载登莱腊,西上巴山作义民。

值得注意的是诗后的一条自注："骑驴系清朝状元傅以渐故事，此乃谓傅斯年也。"傅以渐，山东聊城人，清朝开国状元，因身形肥硕不便骑马，常骑驴上朝。顺治帝赐《状元骑驴图》并题诗云"一色杏花红十里，状元归去驴如飞"。抗战胜利后柴德赓回辅仁大学讲清代学术史，批评士大夫没有民族思想，谓顺治三年丙戌科进士第一名是傅以渐，聊城人，"去年傅斯年先生提过傅以渐，原来是他的先世"（《清代学术史讲义》第一章）。周作人《骑驴》诗后两句，则化用南宋笔记《鸡肋篇》中登莱义民食人肉的故事，讽刺忠义之士的假面背后躲着野蛮的食人者。

1946年傅斯年与蒋介石同游文天祥祠，于正殿"万古纲常"匾额下合影

这首不忍删薙的"箭弦文章",颇有"掐臂见血"的痛感,指向抗战胜利后出任北京大学代理校长、主导教育复员工作的傅斯年。周作人对傅斯年的恶感,不止狱中这一两首打油诗,诗中不得不发的怨气直至建国后仍未消退。1950年6月作的《〈新潮〉的泡沫》一文中,周作人斥傅氏为"伪君子"、"'蒋二秃子'的帮凶",说他"始终打着北大、蔡孑民、胡适之的旗号,在文化文物上做特务的工作"。该年12月傅斯年以脑溢血猝死于台湾,周作人还不依不饶,继续作文揭他的老底:以黄侃门生的资格参入《新青年》阵营,痛骂秋水轩一派的文笔,枕头底下却藏着一本《秋水轩尺牍》云云,视其为旧文学的叛徒、新文化的奸细。

风雨欲来

按理说傅斯年是周作人的学生辈,周氏为何对一后辈大动肝火,其怨气由何而来?周、傅二人之交恶,起因于1945年抗战胜利后教育复员及接收伪北大的风波。1937年卢沟桥事变后,北大师生分批南迁,与清华、南开合并为西南联大。与抗战时期西南联大相对的,是日伪扶植的"伪北大"。1945年8月15日日本宣告投降后,伪北大成为周作人最后的避风港。7月底周氏本已送还了伪北大的聘书,8月20日又同意就任文学院国文系主任一职。据邓云乡回忆,其时重庆接收人员尚未北上,伪北大在8月末照常注册开学，周作人为文学院开的课是"佛典文学"。9月13日周作人日记称"上午九时往文院，十时上课一小时，收本月款"；9月27日仍"往文院上课"，10月19日"上佛教文学班"。但在邓云乡记忆里，9、10月间周作人虽每日仍坐着白铜饰件的自用洋车到沙滩红楼来，却并未上课，课是由老友许寿裳之子许世瑛代上的。

抗战胜利、北平光复后，曾出任伪职的周作人心境如何？是愧疚悔恨，还是忐忑不安？据留居北平的常风回忆，1945年9月15日《华北日报》头版头条登出国民政府任命的接收平津两地各部门的大员的名单，二人闲谈中，周作人提及《华北日报》上接收大员的名单，说："（沈）兼士是文教部门的接收大员，如果能见到他，我倒想请他派我到日本接收被劫走的文物。"常风注意到，周氏说这话时"还是和平时一样微笑着，坦然自若"，仿佛"目前发生的重大事件对他竟然毫无关系似的"。

周作人的这种镇静，或者说天真的乐观，未必是人前的伪装。抗战时期与周作人关系密切的上海文人周黎庵，对1945年8、9月间的周作人日记很感兴趣。因为8月中旬正是日本向作战盟国无条件投降之时，而9月底又是国民党北平当局进行肃奸大规模逮捕之日，以周作人之明，当然知道难逃此劫。这一个多月以待罪之身，他究竟做了什么？在周黎庵看来，是很有意味的事。据周黎庵所见之《秋镫琐记》，在那四十多天的自由生活中，周作人还是照常逛琉璃厂旧书铺，照常收购书画古玩，表面上镇静自若，一点不露风雨欲来的恐惧情绪。这也可以与常风的观察相印证。[1]

让周黎庵记忆犹新的一点是，周作人这一时期购置的书画，多与"性"有关。有一篇日记中提到他买到了一幅《宋太宗强幸小周后图》，实际上是一幅工笔精绘的春宫图，画四个宫女捉住小周后的手足，宋太宗襆头纱袍，站在小周后身前。这则日记一反过去流水账式的记法，周作人细写了许多李后主与小周后偷情，以及入汴后小周后每次逢召入宋宫，出必唾后主之面的故事。周黎庵以为，周作人自是研究性心理的专家，在这幅春宫图中，"性"指代的是"一旦归为臣虏"的伦理困境。

不堪得说

1945年10月6日，周作人日记谓"拟寄信谕傅斯年，但亦不堪得说，故且止也"。"谕"字已端出上告下的姿态，但什么事令周氏欲言又止，他为何要在这个敏感的时间点上给远在西南的傅斯年写信？10月7日周作人日记称"写致傅书了，以稿示绍原，但仍不拟寄去也"。江绍原系苦雨斋四大弟子之一。向来写文章不打草稿的周作人，为何要将写给傅斯年的信稿先给

---

[1] 1945年日本宣告投降前后周作人的生活状况，可与沦陷时期曾任教于伪北大的容庚相对照。据《容庚北平日记》（北京：中华书局，2019年），1945年9月9日日本在南投降，9月10日阅《颜氏家训》，9月11日下午编《自传》，9月12日早编《家谱》，9月13—15日编《家乘》，9月16、17日写曾祖父、祖父、高祖父诗稿。容庚这一时期仍至北大上课，参加校务会议，游公园看画展，游琉璃厂游小市。

身边亲近的弟子看。信既然已经写好了，为何不打算寄出去，周作人到底在顾忌什么？10月8日周氏"上午抄改傅书，拟仍托空邮寄去"。9日"上午抄致傅函"，寄给原北大校长蒋梦麟。10日"印抄致傅书一份，拟寄给朱骝先教部长一阅"。朱骝先即教育部长朱家骅。同日下午"又抄一份讫，拟存"。11日"寄朱骝先、傅斯年信"。从10月6日打算给傅斯年写信，到11日正式寄信，周作人犹豫再三，可见信中所言之事确实"不堪得说"。此信除寄给傅斯年外，还先后抄送给原北大校长蒋梦麟、教育部长朱家骅，并自家存底一份，可谓慎重其事。而这封信正是周、傅二人战后交恶的导火索。

从近年整理出版的《傅斯年遗札》三卷本中，笔者尚未发现与此信直接相关的线索。去年12月有机会赴台湾"中央研究院"调阅历史语言研究所收藏的"傅斯年档案"，然而在傅斯年图书馆提供的纸本目录中，也没有找到这封信的踪迹。但幸运的是，"中研院"近代史研究所藏朱家骅档案中，存有此信的一份撮述。这页档案被归入"人才人事"系列，"周作人"名下仅有此页材料，档案号为77220/2880。"来文机关或姓名"一栏填的是周作人，"文到日期"为"卅四、十、廿六"，即1945年10月26日。此页档案上注有"原函特存"的字样，表明周作人抄送给朱家骅的这封信"见特存卷"。虽然目前尚未见到"特存卷"中周作人致傅斯年的原函，但据朱家骅档案，该信要点如下：

一、闻傅孟真君在教育复员会议中主张新定办法，学校停闭，学生重行甄别分发，稍涉苛细，如能赐予救济，万众感戴。

二、弟留滞北方，辱在泥途，唯自问对于中国略有所尽。

三、抄致傅函，请察阅。

信末注明寄信地址："北平新街口八道湾十一号"。这页档案贴在一张稍大的"教育部用笺"上，笺纸上印有"1946.8"。

李逵打先锋

除了为自己"事伪"辩解，周作人信中首先批评傅斯年在教育复员会议上的主张"稍涉苛细"，这或许是促使他"寄信谕傅斯年"的动机。1945年秋傅斯年被任命为北京大学代理校长。抗战胜利后，文教界面临着学校回迁、沦陷区与大后方的教育资源重新整合的难题。在这一非常时刻，傅斯年"贸然代理"北大校长一职，自知是"跳火坑"。他向友人诉苦道："北大之敌人多矣，随时可来算帐，且此时不攘外即无以自立，此尤使弟斗志奋发，而又不得不戒惧者也。""不攘外即无以自立"，是傅斯年掌校期间的基本"国策"。对于民族意识极强的傅斯年而言，使其"斗志奋发"的北大之敌，无疑是打着"北大"招牌的伪北大，及卢沟桥事变后"留滞北方、辱在泥途"的伪北大教授。

傅斯年接手北大代理校长一职后，却没有即刻北上，9月上旬一直在重庆积极参与全国教育善后复员会议的筹备工作。他向友人透露："此间事，看来与北大无关，实皆息息相关，故教育会议不得不努力"。从周作人的反应可知，傅斯年在教育复员会议上的一番努力，确实关系到北大战后之运命。9月20日教育复员会议揭幕，21日、22日分组审查，第一组审议关于内迁教育机关之复员问题，傅斯年为召集人之一。会后他向夫人俞大綵倒苦水说，从20日正式开会到25日，"发言至第二多，真正累死我，不得不帮骝先（笔者注：朱家骅）忙，结果我捱许多骂"，"事实是，骝先好与我商量，而十之七八不听"，"然而外人不知也，以为他的一切事由我负责，一次教育会，弄得我成众矢之的。重庆再不可久居矣"。这封家书道出教育复员会议上傅斯年在台前幕后的影响力，尤其是教育部长朱家骅对傅氏的倚赖。老友蒋廷黻调侃傅斯年大包大揽的办事风格，戏封他为"太上教育部长、太上中央研究院总干事、太上北大校长"。由这一长串封号，可知号称"傅大炮"的傅斯年在战后教育复员工作中扮演的关键角色。

在胡适回国前，由傅斯年代理北大校长，这个办法，用傅斯年自己的话说，是"宋江出马，李逵打先锋"，一个唱红脸，一个扮白脸，有利亦有弊。傅斯年明知是火坑，还要纵身跳下去，因为对战后的北大而言"此时关键最大"。文教界对"黑旋风"反应不一："校中同人，高兴得要命，校外关切者，高兴得要命。一般社会，未尝没有人以为来势太猛，因而疑虑"。对于北大内部，特别是国文系的状况，傅斯年的看法是："孙子书、孙蜀丞、俞平伯在北平苦苦守节（三人似可择聘）"，"此系绝对有办法，但主任无人"。明显把时任伪北大国文系主任的周作人排除在外。傅斯年去信催促胡适赶紧回来，他用半开玩笑，半是威胁的口吻说："我这几个月必然闹得空气很紧张。非先生早回来，有出大岔子之可能。"

又闻巷内驴鸣

北大回迁，矛盾重重；教育复员，前景亦不明朗。在这一过渡时期，身兼"太上教育部长、太上中央研究院总干事、太上北大校长"三职的傅斯年，精神处于极度的不安与紧张中。傅斯年向胡适交底说："骝先性情倔强，能支持到何时，全不可定。北大事骝先绝对支持"，"无论前途如何，我们抖起精神去干，总可以比得过（outlive）这些妄人"。在北大的事情上，傅斯年自信能得到教育部长朱家骅的"绝对支持"，但教育复员不仅关涉到北大一家的利益。如何处置收复区的伪大学、伪教授、伪学生？在这个敏感问题上，"太上教育部长"便与教育部长存在分歧。

1945年11月教育部长朱家骅赴京沪平津等地视察教育复员情形，方才意识到"收复区学生众多，就学问题确甚严重，尤以各地四乡治安未复，失学青年日增，亟待安置救济"。如何安置这些面临失学的"伪学生",据11月28日《申报》报道,北平各大学一律改称"补习班",如伪北大文学院改第二补习班,主任郑天挺,待补习完毕,则与回迁各大学合并。对于教育部发明的"补习班"这一缓冲装置,正统意识甚强的傅斯年大为光火。[1]他在家书中抱怨:"北平方面,弄得极糟。骝先去,因环境空气,软化了。我欲去纠正之,他不让我去。"可见在伪北大的处置上,朱、傅二人未必步调一致,傅斯年急于为北大争正统,而朱家骅作为一部之长,为稳定大局不得不有所妥协。

以补习班的名义吸纳伪学生、伪教员,无异于变相承认了伪大学的合理性,傅斯年即刻对朱家骅的态度"软化"进行纠正。据北平各报载11月30日重庆专电,傅氏已由昆明返回重庆,准备飞赴北平,同时对记者重申了其对伪北大的处置办法:

> 伪北大之教职员均系伪组织之公职人员,应在附逆之列,将来不可担任教职;至于伪北大之学生,应以其学业为重,已开始补习,俟补习期满,教育部发给证书后,可以转入北京大学各系科相当年级,学校将予收容。

---

[1] 从《郑天挺西南联大日记》(北京:中华书局,2018年)可见傅斯年对补习班的不满。郑天挺本任北大教授兼秘书长,其时又任教育部北平临时大学补习班第二分班主任兼代总务长、教育部平津区教育复员辅导委员会委员。据1946年1月14日郑天挺日记,南中(昆明、重庆)同人所注意者三事:一、校产,二、请教员,三、补习班与北大不相连续,皆要图也。2月6日昆明同人以为他"在此专为补习班帮忙,不问北大事",傅斯年来函劝他辞补习班事;5月28日郑天挺为补习班第二班外国语文系日文组学生学籍事与傅斯年争辩,傅批评他"畏事",袒护补习班学生,"而谓学生习日文为别具腑肝"。6月4日傅斯年谓其"处处帮雪屏,处处帮补习班,而不帮北大,又太和平。岂其然乎?岂其然乎?"

傅斯年作为北大代理校长的表态，1945年12月7日《申报》

　　傅斯年虽然态度强硬，但仍将伪教员与伪学生区别对待。12月7日傅斯年在重庆向《申报》记者更详尽地阐述了自己在伪北大问题上的立场。他强调专科以上学校须要为下一代青年对于"礼义廉耻"四字，做一个不折不扣的榜样；并指出伪北大教授与北大毫无关系，因为"七七"事变后北大教员分批内迁，除周作人一二人外，留平的少数教员亦均转入燕京、辅仁等教会大学任职。傅斯年以北大代理校长的身份公开声明：

> 自大观点言，本校前任校长蒋梦麟，明春返国之胡适校长，以及北大教授团体，渝昆两地同学会，和本人意见，完全一致，无论现在将来，北大均不容伪校伪组织人士插足其间。

这篇谈话最后，傅斯年再度以朱家骅作后盾，坚称"北大有绝对自由不聘请任何伪校伪组织之人任教，此点已获朱部长同意"，其目的在"求确保北大干干净净之声誉"。

傅斯年这番表态彻底堵死了周作人的后路，难怪周氏日记称："见报载傅斯年谈话，又闻巷内驴鸣，正是恰好，因记之文末。"将傅斯年的谈话比作"驴鸣"，是暗用明遗民傅山的典故："此乃驴鸣犬吠，何益于国家？"

两脚羊

傅斯年并没有公开回应周作人的"求情信"，但从他对伪教员的处置办法可知，绝不会念及往日的师生情分，在北大复员后为周作人留一席位。被"扫荡"出北大，等待周作人的是大规模的汉奸搜捕及更严格的汉奸审判。1945年12月5日晚，北平首次搜捕汉奸，就逮者约二百四十名，包括王荫泰、王克敏、王揖唐等伪华北政务委员会的首脑人物。北平当局此次逮捕汉奸的标准为，只问行为、不问动机。周作人被捕时据说坚决不承认自己是汉奸，或许如他致傅斯年信中所言，"自问对于中国略有所尽"。且不论"中国"之所指，周作人反复剖白"吾所用心"，则是纯粹的动机论。

12月7日傅斯年在伪北大问题上的公开声明，有先斩后奏的嫌疑，未必得到教育部长朱家骅的"绝对支持"。12月13日傅斯年得知伪北大教员要求聘书，并得到北平行营主任李宗仁的同情，致朱家骅急电谓"如李主任对此辈伪校教员再让步，以后各收复区教育政令皆不能实行，不特北平而已"。[1]

1946年初北大可以说是"两头着火"。傅斯年家书称，昆明这边正闹学潮，而北平方面办补习班，"大妥协"，"大批伪教职员进来，这是暑假后北大开办的大障碍"。他决心"扫荡"伪教员，绝不为北大留下隐患。傅斯年坦言，在矛盾丛生尤其是人情与法理冲突的局面下，"胡先生办，远不如我，我在这几个月给他打平天下，他好办下去"。接收伪北大，牵涉到伪教员的生计、伪学生的前途，再加之中央与地方的角力、教育部接收政策的反复，势必是场恶仗，这也就是为何宋江出马前，要派李逵打先锋。

1946年4月5日傅斯年跟同事汤用彤分析形势说，西南联大解体后，清华、南开可走可不走，北大则没有选择的自由。因为北平有几千学生，假如补习班不断然结束，必然会"反客为主"。这些学生必要求挂起北大的牌子来，伪教员又必因继续开班而留任，甚至要求正式聘请。眼下政府权威一落千丈，地方势力已准备让步；若没有朱家骅的支持，教育部也极可能妥协。所以北大之存亡，在傅斯年看来，取决于能否尽早回迁。如果不赶在1946年暑假复员，恐怕伪北大借尸还魂，摇身一变，

---

[1] 1945年12月3日容庚日记："早往北大，讨论傅斯年谓北大教职员为附逆不能再用事"；12月5日"早与教职员代表访李宗仁行营主任，约下午三时相见。下午复去，由参议董某先接见，态度甚诚恳"；12月6日"揽镜自照，消瘦得多，决自今日起摆脱学校一切事务，除上课外不复多管闲事矣"。

也许客气些,叫"北京大学分班",或更客气些,叫"北平临时大学",无"补习班"三字,然必有"北"、"大"二字,必简称"北大","从此据我们的房子,用我们的仪器,而以正统自居"!于是北大以伪教授为主体,"尚堪问乎"?

5月4日傅斯年由重庆飞抵北平,主持北大迁校事。7月胡适回国,9月接任北大校长,傅斯年终于跳出火坑,结束了"为人拉夫"的苦差。而此时周作人已在南京老虎桥狱中,只能靠打油诗发泄他的怨嗟:

哀哉两脚羊,束身就鼎鼐。犹幸制熏腊,咀嚼化正气。
食人大有福,终究成大器。讲学称贤良,闻达参政议。
千年诚旦暮,今古无二致。旧事傥重来,新潮徒欺世。

"两脚羊"云云,仍是沿用南宋笔记《鸡肋编》中义民吃人的故事,被食者中"老瘦男子谓之饶把火,妇女少艾者名之为美羊,小儿呼为和骨烂,又通目为两脚羊"。周作人《老虎桥杂诗》题记自称"犹幸制熏腊,咀嚼化正气"两句,仿佛是神来之笔,"可以算是打油诗中之最高境界"。"食人大有福"至"新潮徒欺世",均针对傅斯年而言。在自比于"两脚羊"的周作人看来,昔日新文化运动的学生领袖、《新潮》月刊的发起者已跻身"食人"者的行列。

(原刊于《读书》2014年第10期)

再论钱玄同的"晚节"

一、周作人第二?

1937年卢沟桥事变后,在选择蛰居北平的文人学者中,钱玄同并不那么引人注目。与他的老朋友周作人相比,钱氏虽也有留日背景,但始终没有成为外界舆论关注的焦点,直至1939年初,其因突发脑溢血去世。关于北平沦陷时期钱玄同的表现,即所谓"晚节"问题,一直没有太多争议。因为钱氏去世不久,同年7月国民政府便发布褒扬令,表彰其学行:

> 国立北平师范大学教授钱玄同,品行高洁,学识湛深。抗战军兴,适以宿病不良于行,未即离平。历时既久,环境益坚,仍能潜修国学,永保清操。卒因蛰居抑郁,切齿仇雠,病体日颓,赍志长逝。溯其生平致力教育事业,历二十馀载,所为文字,见重一时,不仅贻惠士林,实亦有功党国,应予明令褒扬,以彰幽潜,而昭激劝。

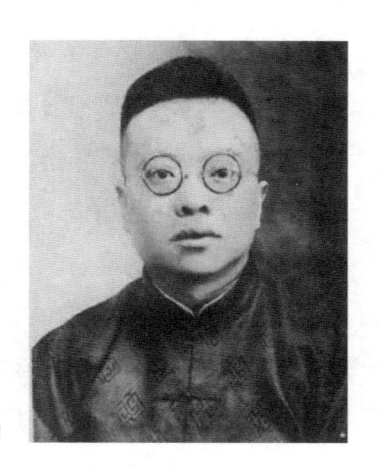

钱玄同

这一褒扬令带有盖棺论定的性质，再加之抗战胜利后，钱玄同的门生故旧如魏建功、徐炳昶等人在回忆文章中提供的种种细节，似足以证明钱玄同之"晚节"不成问题。

然而1998年《鲁迅研究月刊》上登载了谢村人的一篇文章，题为《"书斋生活及其危险"》，从钱玄同的一封佚信谈起，认为从"五四"到1930年代，钱氏由新文化阵营中的一位"猛士"，蜕变为固守书斋的"隐士"，北平沦陷后，甚至倒退到"贰臣"的悬崖边上，要不是死神向他伸出"援手"，极可能有堕入深渊的危险。谢氏文末再次强调钱玄同"死得其时"——"虽然已被污水弄脏了鞋袜，但未遭灭顶之灾；否则在日寇的威胁利诱之下，未必不会成为第二个周作人！"

谢村人这篇"判决书似的文字"立即引发争议，《鲁迅研究月刊》随后登出两篇与之"商榷"的文章，大段征引徐炳昶、魏建功等人的回忆文章及国民政府的褒扬令，捍卫钱玄同之"晚节"。但这两篇商榷文章，并未直接回应谢村人指出的一个"污点"：据《周作人年谱》，1938年3月29日钱玄同接受"亲日分子"何克之的邀请，出席了有"日本右翼分子"山崎宇佐和文化汉奸参加的宴会。这次"灰色"的宴会，是谢村人断定钱玄同有可能沦为"周作人第二"的唯一证据。不对这一宴会的性质加以考察，尽管有官方的褒扬令作护符，仅凭亲友的回忆，也难以完全洗清钱玄同的"污名"。要弄清此次宴会的性质及出席者的身份，不能仅针对事件本身，尚需大致了解北平沦陷后钱玄同的日常生活。

所幸除了一纸政令及门生故旧的追述外，还存有较完整的钱玄同日记。有了日记这样细密、可靠的一手材料，不难还原沦陷时期钱玄同的日常生活。以日常生活为底子，才能相对准确地判断这次"灰色"的宴会是否如谢村人所言，是钱玄同晚年的一个"污点"。若不回到沦陷北平的历史情境中，从吃饭问题等看似琐屑的生活细节着眼，去体察文人学者在沦陷下的精神苦闷及日常交往，很容易将一次应酬放大成一个标志性的事件，甚至视为"变节"的信号。

二、一次宴会的背后

关于这次"灰色"的宴会，谢村人依据的是1938年3月29

日周作人日记："午往玉华台，赴中国大学校长何其巩之招宴，同座有山崎宇佐、罗文仲、孙蜀丞、方宗鳌、夏明家、钱玄同、沈兼士。"为支持自己的论断，谢氏对这条日记略作改编，先给招集者何其巩贴上"亲日分子"的标签，又在山崎宇佐这个日本名字前冠以"右翼分子"的头衔，其余赴宴者则一律归为"文化汉奸"。这种贴标签的办法似乎太随意了，谢村人并未逐一考察出席者的真实身份，便急于为此次宴会定性。

问题在于谢村人依据的其实是《周作人年谱》之转述，而非日记原文。"山崎宇佐"的身份背景虽尚待查明，但极有可能是两个人！周作人日记中涉及日本人的，如是相交甚浅或不甚知名者，往往用姓氏表述，而"山崎"、"宇佐"都是日本较常见的姓（日记原文无标点，"宇"字是补写的）。并且《年谱》转述此事时，只列出赴宴者的名单，竟略去了日记原文中极紧要的半行字："略谈及孔德华北讼事"。这句话实已点出何其巩招集此次宴会的缘由，容后详考。

事实上，时任中国大学校长的何其巩在政军两界有着极复杂的社会关系，沦陷时期其在北平文教界扮演的角色，绝非"亲日分子"这一标签所能概括（参见严海建《北平沦陷时期的何其巩与私立中国学院》，《抗日战争研究》2019 年第 2 期）。在招集此次宴会前不久，何其巩曾以"前华北大学校长"的身份，应邀出席了 1938 年 2 月 9 日日本大阪每日新闻社组织的"更生中国文化建设座谈会"。而周作人正是因为在这个座谈会上露面，遂被判定为"文化汉奸"，收到武汉文化界发出的驱逐令及十八位作家联名签署的公开信。

需要追问的是，在被占领的非常事态下，出席日方组织的文化活动或有日本人在场的宴会，对周作人、何其巩等人而言，是否意在表明某种"合作"的政治姿态，或者说是否构成某种心理障碍？其实就在出席所谓"更生中国文化建设座谈会"的前一天，据周作人日记所载，其"应山室之招"，同座有钱稻孙、苏民生、洪炎秋、新见、西川、佐藤、木村、富田、菊池等共十人。又如同年7月7日下午周氏往北京饭店，应日本改造社社长山本实彦之招，"来者尚有山崎、村上共四人"。由此可见事变后，周作人并未杜门用晦，断绝与日本文化人的往来。相较之下，在钱玄同日记中，北平沦陷后出席有日本人在座的宴会，仅此一例。

除了考察赴宴者的身份背景，更重要的是何其巩以什么名义，或借什么由头招集3月29日这次宴会。无巧不巧的是，钱玄同日记只记到3月28日，此后有近一个月没有写日记。这种间断在他日记中很常见，或是因为身体不适，或就是因为一个"懒"字，不能持之以恒。但沦陷时期钱玄同日记中的空白，比事变前又多了一层阐释空间。如"七七"事变后，从7月19日到8月末，他有四十来天没有记日记。直至9月1日续写时，钱玄同声称："这四十日之中，应与《春秋》桓四、桓七不书秋冬同例也（以后也还如此）。"所谓"《春秋》桓四、桓七不书秋冬"有何寓意？按宋儒的说法：

问:"桓四年无秋冬,如何?"曰:"圣人作经,备四时也。如桓不道,背逆天理,故不书秋冬。《春秋》只有两处如此,皆言其无天理也。"(《河南程氏遗书》卷二十二下,伊川先生语)

故"不书秋冬"乃春秋笔法。钱玄同日记中的这段空白,非一般意义上的间断,实有意为之。从7月19日到8月末,正值北平"笼城"前后,其间有两个关键的时间点:7月29日驻守北平的二十九军撤退,8月8日日军进驻北平。钱氏日记的此次间断,是以春秋笔法——"不书","言其无天理也"。

问题在于1938年3月29日钱玄同赴宴当天及其后一个月没写日记,是有意识地"不书",还是单纯"未记"?钱氏对此未作交代,故只能从此前此后的日记中寻找与这次宴会相关的线索。有研究者从3月23日的钱玄同日记中发现似与此次宴会相关的信息:当天周作人与钱玄同商量"同访何其巩,为孔德事也,在何家见"(邱巍《境遇中的民族主义——从钱玄同的晚节说起》)。遂断言3月29日的宴会应当正是"在何家见"的最终结果。这一发现虽利用了一手材料,但断句有误,当日周、钱二人已拜访何其巩,并"在何家见姚惜抱致陈硕士信手迹"。故3月29日何其巩招宴,确与孔德事相关,但并非"在何家见"的最终结果。

3月23日周作人、钱玄同"同访何其巩",为孔德何事?除了设宴者何其巩,值得注意的是,3月29日赴宴者中,孙蜀丞的名字也在这一时期的钱玄同日记里频频出现，且与"孔德事"相关。如 5 月 8 日"访孙蜀丞，为孔德讼事"；5 月 10 日至辅仁大学，"因前日约定周（作人）、钱（玄同）、沈（兼士）、孙（蜀丞）在今日上午会于该校，为孔德和解事也"；5 月 11 日"为孔德事，乘汽车访岂（周作人）、访孙（蜀丞）"；5 月 13 日"得孙（蜀丞）电话，知一切手续均办妥，专候孔德付钱矣"；5 月 14 日"至孔德，取 550 元，至知老（周作人）处，孙（蜀丞）亦来"；5 月 15 日"至孙蜀丞处，孔德与华北事毕矣"。5 月 16 日钱玄同日记称：

> 孔德讼事已了。今晚中人何其巩因调停此事已毕，约双方人在其家吃饭。我因伤不能往，电话约知堂来家，请其转达。

可见这一时期钱玄同、周作人屡屡造访何其巩、孙蜀丞，都是为"孔德与华北事"。5 月 26 日"孔、华讼事，今日已开调解庭，完矣"。

所谓"孔、华讼事"缘何而起？钱玄同、周作人、何其巩、孙蜀丞在此案中各自饰演何种角色？钱玄同日记对此事语焉不详。所幸河北档案馆存有一份涉及北平孔德学校与华北学院房产纠纷的和解笔录（《孔德学校与华北学院房产纠纷》，《档案天地》2013 年第 7 期）。据已公开发表的档案记载，1938 年 5 月 26 日，时任孔德学校校长的周作人和华北学院法定代理人何其巩，因房屋借用权的民事纠纷，最终达成和解。和解内容为："被上诉人（华北学院）对于宗人府房屋借用权，情愿永远让与孔德学校"。

何其巩时任中国大学校长，为何在"孔、华讼事"中充当中间人，且作为华北学院的法定代理人出庭？因1937年8月底，华北学院被迫迁至城南湖广会馆，其在京校舍由中国大学代管。而孙蜀丞在"七七"事变后接任中国大学国文系主任，故亦与此案有关。1938年6月3日周作人"为孔德了结华北案"设宴于承华园，回请何其巩、孙蜀丞诸人。由此可见3月29日何其巩招宴，不过是为调停孔德学院与华北学院的房产纠纷。谢村人据此质疑钱玄同之"晚节"，无疑不太了解沦陷时期的生活常态及文教界错综复杂的人事背景。

三、沦陷下的生活常态

尽管钱玄同声称仿效春秋笔法，"不书秋冬"，但在一些特殊的时间点上，仍瞥见到"沦陷"在北平城中投下的阴影。如1937年9月19日为旧历中秋节，钱玄同在日记中写道："'　'特令全市商店挂灯结彩以志庆祝，藉纪念东方文化之佳节也。"引号中的空白，即秉持"不书秋冬"的原则。同日，中山公园改名为"北平公园"，东厂胡同改称"东昌胡同"。9月24日云"今日道路又挂红灯"，其自孔德归家时，行经东安市场前，见高悬白布匾，文曰："庆祝陷落保定府"。11月8日街上张贴"庆祝太原陷落"之布文。12月7日钱氏路经北大一院，见门首有"皇军"站岗。

这些沦陷的阴影在钱玄同日记中一闪而过，往往是干瘪的一行纪实文字，不加评论，不带情感色彩，有时略含反讽。其着墨较多的场景，是南京陷落前后及伪"中华民国临时政府"的成立。1937年12月11日，钱玄同从报上得知南京陷落的消息，"九时警察署大放鞭炮庆祝"，"入晚每家门首至少须悬方形红灯一盏"，次日中午各校学生须至中央公园取齐游行庆祝。第二天又听说南京尚未陷落，"故今日游行及提灯之庆祝均不举行"。钱玄同至中央公园散步，"见甚清静，空气甚佳"。12月13日至孔德，与同事谈话间，警察忽来传话，命学校准备五色旗。翌日"晨起，出胡同口一看，见满街都挂五色旗"，午后途经中南海门前，见已挂出"中华民国临时政府"的招牌。12月15日天安门开庆祝大会，学校放假，警察送来太阳与五色交叉之旗，令各家贴于门首。

但沦陷这种军事占领的非常状态，久而久之会成为一种波澜不惊的生活常态。从沦陷时期的钱玄同日记中，我们看到的更多是一个宿病缠身的读书人在占领区的日常生活：每日奔走于家、宿舍、学校、医院之间；顺道拜访老友，一谈就谈三四个小时；身体不适或遇大风、雨雪天，便在室内清理书籍杂物，倦时倚在床上乱翻书；偶尔去东安市场购物，旧历正月间照例"巡阅"厂甸东、西两路。

仅以逛厂甸为例，来看事变对读书人的日常生活影响到什么程度。1938年2月8日钱玄同给周作人写信说:"呜呼,计我生之逛厂甸书摊也,今岁盖第廿五次矣","前廿四次总算努力,而今年则七日之中仅逛三次,每次只逛一路,噫,何其颓唐也!"据钱玄同之子钱秉雄回忆,自1913年钱玄同北上进京后,一住就是二十来年,没有去过比天津更远的地方,北京成了他的第二故乡。除了喜欢北方的气候及在此地结识的诸多好友,更吸引钱玄同的是北京的书肆,尤其是每年春节的厂甸。因酷爱逛厂甸,钱玄同被戏封为"厂甸巡阅使"。而1938年厂甸书市之光景与事变前有何不同?据钱玄同考察:"今年有些熟书摊均未摆,而摆者我有许多多不相识,故您过年好哇,要什

北平沦陷时期街头书摊,京都大学人文科学研究所藏"华北交通写真档案"

么好书啦，今年还是第一次来吧，种种应酬话很少听见，此与往年不同者也。"

1938年2月1日，即阴历正月二号，"厂甸巡阅使"钱玄同向周作人汇报："今天冒了寒风，为首次之巡阅，居然有所得，不亦快哉！"兴奋之情溢于言表。其首次"巡阅"所得，系黄遵宪《日本杂事诗》改定本。2月5日钱玄同逛厂甸东路及土地祠，购书七种，最得意的是新镌《康南海先生传》。此日钱氏从下午一时逛到六时半回家，足足逛了五个半小时，体力惊人，并于厂甸晤唐兰、刘文典。次日十二时半又至厂甸，巡阅西路，购得《陈石遗年谱》及戊戌至己亥年《清议报》原本。2月8日专

沦陷时期琉璃厂正月厂甸之杂沓，京都大学人文科学研究所藏"华北交通写真档案"

程去买《清议报》全编残本。10日下午三时逛厂甸东路，略及土地祠，毫无所得。12日下午略浏览西路，购得日本田口卯吉之《中国文明小史》及《昌言报》、《东亚时报》各一期，遇刘盼遂。2月13日午饭后，头胀胸闷，仍至厂甸东路一巡。2月15日本是厂甸书市结束之期，钱玄同得知今年延长十天，至2月24日方散。2月22日为钱氏该年最末一次巡视，土地祠中已无人摆摊，道旁的书摊大约比元宵节以前减半。照钱玄同日记统计，1938年正月二十五日间，其分别"巡阅"厂甸东西两路及土地祠，共计10次，较事变前何尝有"颓唐"之象！唯有从书信日记中体会知识阶层的生活实感——或许有悖于局外人对沦陷北平的想象，才能更真切地理解事变后读书人的出处选择及伦理境遇。

四、抗战非攘夷乎

在表彰钱玄同的"晚节"时，一般会举魏建功回忆文章中的一个细节：1937年11月份其动身离平前，钱玄同要他刻一方图章，就刻"钱夏玄同"四个字，借以表明恢复自己的旧名。对于这方印的寓意，魏建功以为，"钱夏"是钱玄同从事排满革命时期的名字，自从1937年8月8日日军进驻北平，"他又再拿来表示一个新的民族分野"。至于"夏"字之来历，周作人在《饼斋的名号》中解释得更清楚：钱玄同赴日本留学，受种族革

魏建功为钱玄同刻"钱夏玄同"印，
取自《天行山鬼印蜕：魏建功印谱》

命之熏陶，另取光复派之号曰"汉一"；及从章太炎求学，乃知古人名字相应，又由"汉一"而想到"夏"字。可见以"夏"为名，在钱玄同这里，带有"汉一"即"排满"的胎记。北平沦陷后恢复这一旧名，则是在事变刺激下，晚清经验的某种复活。

沦陷时期钱玄同最重要的学术工作是编辑《刘申叔遗书》。1934年其与郑裕孚（负责校对《遗书》者）通信商量是否刊行刘师培的《攘书》时，称《攘书》之名，取义于"攘夷"：

> 夫泛言攘夷，此在任何时代，皆不失其价值。即以今日而论，抗日非攘夷乎？打倒帝国主义非攘夷乎？

在钱玄同看来，刘师培之《攘书》不仅有其学术价值，在

1930年代抗日的语境中，更有其现实意义。"攘夷"的内涵，远超出晚清狭隘的种族主义；在世界大同之日降临以前，几乎可以同以国家为边界的民族主义划上等号。《攘书》作为刘师培早年以学术鼓吹革命的业绩，在钱玄同眼里，不同于空洞浅薄的宣传标语，其发挥"攘夷"之义，"类皆原本学术，根柢遥深"，乃"纯然学者之言"，而非革命家的一句口号。

1936年章太炎去世后，钱玄同所拟的挽联中，亦将"排满"与"抗日"并举，着力表彰其师之"攘夷"思想："先师尊重历史，志切攘夷，早年排满，晚年抗日，有功于中华民族甚大"，而此思想得力于《春秋》。1937年事变前夕，钱玄同重温三十多年前看过的邹容《革命军》，感叹晚清"虽持极端排满论者，亦不至于今日之富于保守性"。他认为辛亥以前抱"一民"（民族）主义者，虽不及孙中山之"三民主义"，至少是"二民主义"，兼有民族、民权二义。章、刘、邹容等人标举的排满革命，均非单纯的种族革命。即便《国粹学报》之邓实、黄节"亦尚略有新思想"。专以反清复明为宗旨者，唯有南社诸诗翁及各地会党势力而已。钱玄同对"攘夷"二字的重新界定，无疑是针对三十年代过于"保守"的民族主义。

在力主刊行《攘书》的那封信中，钱玄同谈及刘师培的"晚节"问题，他推测反对刊行者之用心，"实因申叔晚节之有亏，恐人见其早年之鼓吹革命而讥其后之变节耳"。至于如何评判刘师培之"变节"，据钱玄同总结，大约有三派。甲派谓刘氏为群小及艳妻（何震）所累，以致陷入泥潭，无法自拔，并非他个人之罪责。甲派之代表是蔡元培，其对刘师培始终如一，持谅解态度。丙派则始终敌视，而乙派的态度有个变化的过程，"始恶之而终谅之"：

> 当时闻其变节而颇致诋毁，逮革命既成，往事已成陈迹，而敬其学问之博深，谅其环境之恶劣，更念及旧之交谊，释怨复交，仍如曩昔。

钱玄同坦言自己是乙派中人，"昔年曾与之割席"，表明其政治立场。而"终谅"之前提，首先是时移境迁，"革命既成"，刘师培的"变节"已成历史上之陈迹。其次，钱玄同再三强调学问与政治、思想与行事的区别，以为"行事之善恶，时过境迁，即归消灭，而学问则亘古常新也"。既然刘师培之行事已成陈迹，无损于其学术文章的价值。

钱玄同及章、刘一辈皆是过渡时代中人，出入于政、学之间，其前后之主张、行动之宗旨难免随一时一地之思想、感情，尤其是外在环境之剧变而更易。始激进而后保守，始革命而后不革命，乃至反革命者，绝非刘师培一人。即便是此辈人中脚力最好，紧撑着时代往前跑的梁启超，"始而保皇，继而立宪，与革命党大打笔墨官司，而民国以来乃拥护共和"，善变如此。梁启超之保皇、刘师培之变节，在民国初年，"因时代较近，故诋毁者甚众"；二十年后，对于二人清季之所作所为，已知者甚少，"即真知之亦甚隔膜，即不隔膜而怨恨之念亦不复萌生，但见其学问之渊深而敬之矣"。

对于刘师培的"变节",钱玄同所以能"释怨复交",还涉及公谊与私情之取舍。假如钱玄同目睹周作人之"落水",他会持何种立场?按照钱玄同对知堂学问文章之欣赏,对其环境包括所谓家累及舆论压力之同情,更考虑到二人数十年之交谊,很可能"始恶之而终谅之"。不过谅解恐怕要等到抗战胜利,甚或是建国后。但抗日毕竟不同于排满,"攘夷"与民族主义无法真的划上等号,故周作人之"落水"也难以与刘师培的"变节"等量视之。中日间的那场战争,可以说到目前为止尚未结束,因为引发战争的那些导火索还在。时过"境未迁",周作人之"落水"还没有成为陈迹,钱玄同的"晚节"仍招致非议,尽管后来者对他们在沦陷下的处境与心境更为隔膜。

(原刊于《读书》2015年第2期)

第二辑

北平沦陷的瞬间：从"水平轴"的视野

从瞬间而非长时段的刻度来看，1937年7月7日卢沟桥发生的战事，并未被即刻确认为全面抗战的开端。无论南京国民政府，还是以宋哲元为首的冀察当局，还都徘徊在战与和的岔路口上，即便在最后一分钟亦不放弃和平解决的希望。当地方视野中的卢沟桥事件被赋予全局性的意义，反而遮蔽了它与近在咫尺的北平城的关系。被历史记忆的是"七七"这个大写的日期，而北平何时沦陷，已经不是关注的焦点。

作为一种叙事策略的"瞬间"，意在抽取尽可能小的时间单位，展示出"共时空间中铺展开的'历史'"，或说"事件的诸种空间形象"（赵园《那一个历史瞬间》，《想象与叙述》）。关于北平沦陷的时间大致有两种说法，或以1937年7月29日二十九军的撤退为标志，或从8月8日日军入城驻兵算起。由于北平作为地方的特殊性，从二十九军失守到日军完全占领之间还有近十天的空档。因此，北平沦陷是一个被延宕的历史瞬间，其中包含的弹性与歧义，值得顺着城市的肌理逐层梳理。

1937年8月8日日军进驻北平城

从瞬间的刻度观察战争，易于发现被"事变"掩盖的战时日常性（Wartime Everydayness）。引入日常的维度，意在与已有的战争叙事构成某种对话关系，丰富我们对战争尤其是战场之外的认识；同时，战争语境也拓展了日常性的边界。所谓战时日常性，一方面是物质生活的日常性，即战时的衣食住行如何维系；更值得关注的是战时精神生活的日常性，如何用日常的阅读、写作、思考来抵抗战争的压迫。从后一种意义上说，所谓战时日常性不只是讲述生存层面的挣扎，更要呈现在极端窘迫的生存条件下，无论是知识阶层还是普通民众都试图以自己的方式维持日常生活的基本尊严，甚至在颠簸流离中创造一点生活的诗意。这种日常生活的尊严与诗意，如同地狱边上开出的惨白的曼陀罗花，彰显出中国人的思想韧性，是未被战火摧毁的日常风景。

一、谣言的解析

如果将 1937 年 7 月 28 日到 29 日视为卢沟桥事变后的又一个转捩点，无异于承认二十九军的撤退之于北平沦陷的象征意义。据傅仲涛对北平沦陷之回忆，"二十九军虽然和我们平日，没有什么私的关系，可是这回的撤退，却不是往日奉张的撤退，其他军阀的撤退，乃是代表中国主权的撤退，即是敌人势力的扩张"。二十九军撤出北平，致使"我们在此地失落了一切的依恃"，这才意识到"国家主权既然达不到此地，我们便是无主之民"（《北平沦陷之回忆》，《文艺与生活》1946 年第 2 期）。

从 7 月 28 日捷报频传，到 29 日二十九军的撤退，本是中央政府与地方当局角力下不得已的军事决策，其引发的社会动荡，用冯沅君的纪事诗来形容，便是"两日悲欢浑一梦，河山梦里属他人"。

冯沅君的《丁戌纪事诗并注》（《宇宙风》乙刊 1939 年第 1 期），前三首记述北平沦陷前后的个人经历。卢沟桥事变发生时，冯沅君正在北平西郊的燕京大学寓所养病，27 日美国大使馆传出消息，谓日机将于次日轰炸西苑驻军。燕京大学与西苑东西相望，中间仅隔一条马路。当时燕大的美籍教职员已大半离校，入东交民巷使馆界避难，住校师生皆惶惑不知所措。28日晨 6 时许，"果闻飞机轧轧，自寓所屋顶掠过西飞，继以轰隆之声，墙壁似皆震动"，冯沅君急忙携家人赴燕大男生体育部，入地窖中暂避。

28日虽有西苑之变，但前线捷报频传，谓保定新到的中央军已北开，并有空军助战，廊房[1]、丰台、通州等地相继收复，日军司令因败自裁。燕大本有情报会的临时组织，每日聚会一次，彼此交换消息。28日晚7时留校师生又在适楼小礼堂开会，"到会者皆狂喜，高呼中华民国万岁"（冯沅君《丁戌纪事诗》其一注）。但好景不长，当晚11点左右，忽然从城内传来宋哲元赴保定、二十九军退出北平的消息，闻者都信疑参半。29日上午，城郊间有人来往，乃知胜利消息半不可信，二十九军之撤退则属实情，北平战事到此可告一段落。"总观两日内，始则惊惧，继则喜，疑，终则愤慨，其奇幻固无殊于噩梦。"（《丁戌纪事诗》其二注）

冯沅君《丁戌纪事诗》之三是写北平七月末、八月初的事态，南北隔绝，谣言繁兴，"不谓平津将由国际共管，即言溥仪行将入关，建后清帝国，以故人心惶惑，唯恐华北沦为伪'满'第二，望我军北上反攻，不啻大旱之望云霓"。谣言作为人心向背的表征，在信息不透明的环境下，亦可视为一种变相的社会舆论，被喻为公共舆论的侦察兵。沦陷前后产生的谣言，是自卢沟桥事变甚至是"九一八"事变以来，民众长期积蓄的情绪的反弹。

口耳相传的谣言，也许是最原始的大众传播媒介。作为信息载体，"谣言"本身是一个中性的概念，承载着未经核实的消息，

---

[1] 冯沅君《丁戌纪事诗》与下引陈雪屏《谣言的心理》原文皆作廊房。——编者注

却不等于虚假信息。这些消息无论多么荒诞，也在意料之中，因为滋生谣言的环境，如战争，已经将这种荒诞合理化了。二十九军在捷报的烟幕弹下突然撤退，令顿失依傍的北平人觉得"两日悲欢浑一梦"，战争、谣言、民众心理之间的连锁反应，尤其是谣言这一中介，既是现实的产物，又是梦的解析工具。

战争期间关注谣言，是为了窥探谣言背后的民众心理。陈雪屏搜集战争前后的种种谣言，加以归纳分析，试图寻求出谣言演变的原则（《谣言的心理》，长沙：商务印书馆，1939年）。采用归纳法的前提，是相信谣言的内部机制是可以拆卸的，它必严格地遵照某些规律运行。然而，谣言本身是难以界定的对象，能否以科学的方法来刻画？对于这种近乎捕风捉影的工作，分析工具是首要问题。陈雪屏从社会心理学的角度来解析谣言，有意思的倒不在于方法论上的出新，或他归纳出的那几条演变原则，反而是在事变现场搜集的诸多例证。

从7月28日到29日，伴随北平局势陡转而生的种种谣言，被陈雪屏纳入"主观的好恶与愿望的补充"这一类型。据他提供的例证描述，7月28日北平近郊中日军队展开大规模的战事，城内终日听到清晰的枪炮声与飞机轰炸声，究竟谁胜谁负，没有可靠的情报。下午一时纷传我军已占优势，随即听说廊房克服，丰台克服，日军在清河的一联队全被歼灭。一时人心极为兴奋，但还不能十分确信。三点左右各通信社也传出同样的消息，并且把各路将领也都说得有鼻子有眼。直到黄昏时分，听见炮声渐渐逼近，才知道空欢喜一场。

陈雪屏对这束谣言的时势分析是，当时我方战事始终未占优势，而且事前根本没有全盘打算，刚表决心，便张皇应战，一开始即注定节节败退的局面，直至二十九军连夜撤退。那接连不断的胜利消息从何而来？有人推测是地方当局为军事转移而散布的烟幕弹，甚至有人说亲眼看到官方的宣传人员聚集在六国饭店，捏造捷报，向各处拍发。从群众心理学的角度解释，则"最初由于一般人共同的愿望，企盼战争胜利，由想象而变成某时某地确已获胜的传说"，又加之地方与中央在和战问题上态度暧昧，官方与民间信息的不对称、不透明，而产生故意制造胜利的一幕活剧（《谣言的心理》第四章）。

官民合演的这出乐极生悲的"活剧"，揭开北平沦陷的序幕。7月28日，"微阴，疏雨"。朱自清在枕上便听见隆隆的声音，27日下午他刚从西郊的清华园搬进城，借住在西单牌楼左近的胡同里。被炮声唤醒后，朱自清赶紧起身到胡同口买报。胡同口正冲着西长安街，这儿有西城到东城的电车道，可是此刻：

> 两头都不见电车的影子。只剩两条电车轨在闪闪发光。街上洋车也少，行人也少。那么长一条街，显得空空的，静静的。胡同口，街两边走道儿上却站着不少闲人，东望望，西望望，都不做声，像等着什么消息似的。街中间站着一个警察，沉着脸不说话。有一个骑车的警察扶着车和他咬了几句耳朵，又匆匆上车走了。（朱自清《北平沦陷那一天》，《中学生战时半月刊》1939年第5期）

凡是"老北平"都晓得故都从前最热闹的街市，要算"东单西四鼓楼前"，即东单牌楼、西四牌楼、鼓楼大街、前门大街的简称。但事变前些年，西四、东单的市面并无起色，鼓楼也沦为了古迹，只有新兴的西单牌楼，像十里洋场似的，日益繁盛起来。尤其是西单商场落成后，俨然有同东城王府井大街对抗的神气。从西长安街口，一直到甘石桥，白天车水马龙，乡下人进城，若转到这里，简直要头昏目眩，手足无措。即便是西单商场遭火灾后，残馀的部分仍令人低徊留恋，丝毫无损那条街市的繁华景象（参见寒先艾《古城儿女》，上海：万叶书店，1946年）。然而28日清晨的西长安街"只剩下两条电车轨在闪闪发光"。

　　朱自清从报上看出当局终于决心"背城一战"，午饭后门口接二连三地叫"号外！号外！"。买进来抢着看，起先说我军抢回丰台，抢回天津老站，后来说抢回廊坊，最后说打进了通州。28日下午，朱自清屋里的电话响个不停，有的朋友报告消息，有的朋友打听消息。报告的消息，或从地方政府得来，或从外交界得来，无不印证了号外上的捷报（《北平沦陷那一天》）。不光是号外、电话这两种传播媒介，参演了这出"制造胜利"的悲喜剧，甚至更有公信力的广播电台也以郑重的语调报告："本台确信：丰台及廊坊已经克复。"（鲁悦明《古城最后的一瞥》，《国闻周报·战时特刊》1937年第2期）

　　给胜利的白日梦蒙上一丝阴影的，是28日晚传出日机放毒气的谣言。前几日，面向市民阶层、销路最广的小报《实报》

上就接连登出如何预防毒瓦斯的土办法，教人用菜子油涂抹眼耳鼻口等处。朱自清亦称28日晚警察挨家通知，叫塞严门窗，还得准备些土，拌上尿跟葱，以防夜里敌机来放毒气。他虽不相信日军敢在北平城里下毒，但家里的仆人还是照着警察吩咐的办了。

不论是白日梦式的谣言，还是放毒气这类恐惧性的谣言，其产生的原因，除了地方当局与中央政府在战与和之间摇摆不定，及信息不透明，更重要的是敌我双方军事力量极不对等。时任驻美大使的胡适在一次演讲中坦言，中国在这次战争中的问题很简单：一个在科学技术上没有准备好的国家，却必须和一个第一流的军事工业强国进行一场现代战争（1944年12月6日胡适日记）。

1937年《伦敦新闻画报》对卢沟桥事变的现场报道，用图像更直观地记录下一个"喜剧性"的小插曲，足以说明两国军事实力的不对等性。照片展示的是在北平郊区与日军激战的二十九军的日常装备。一提起二十九军，就会联想起"大刀向鬼子们的头上砍去"，然而在日机的高空优势与频繁轰炸下，比用于肉搏的大刀更有效的装备，竟然是雨伞。雨伞在军事中的妙用，在华北平原的开阔地带，加之七月的酷暑，既可以遮阳，又可作伪装，避开日机的空中侦察（*A Chinese Army Hides beneath Umbrellas*, The Illustrated London News, Aug. 14,1937）。中国士兵，除了由德国军事顾问训练出来的中央正规军，像二十九军这样背负大刀，藏在雨伞下，缺乏严密的组织调配，

1937年8月14日《伦敦新闻画报》对卢沟桥事变的现场报道

注重读经与道德训练的地方部队，在西方人看来，简直是现代战争中一个"谜一般"的不可控因素。飞机与大刀、雨伞，毒瓦斯与黄泥、蒜葱的对比，正是谣言产生的根源。

28日还凌乱地做着胜利的美梦，29日天刚亮，朱自清便接到朋友的来电，用确定的口气说，"宋哲元、秦德纯昨儿夜里都走了！北平的局面变了！就算归了敌人了！"（《北平沦陷那一天》）由国都而文化城，再沦为边城的北平，就断送在"制造胜利"的白日梦里。29日北平沦陷的一刹那，在傅仲涛的回忆中，定格在西四北大街。一夜之间，街上的行人少得可怕，光天化日之下，他孤零零地立在街中间，疑心这偌大的北平城莫非只剩下自己一个人：

> 朝南一望，无数的电杆好像墓标似的立着，一直的矮下去，矮到眼睛瞧不见的尽头；朝北一望，也是无数的电杆，一直的往北排列下去。（傅仲涛《北平沦陷之回忆》）

这样的场景，这样的句式，仿佛张爱玲目睹香港沦陷的瞬间："一辆空电车停在街心，电车外面，淡淡的太阳，电车里面，也是太阳——单只这车便有一种原始的荒凉。"（《烬馀录》）荒凉背面是都市的繁华，电车作为都市现代性的标志物，被遗弃在舞台的中心，演员仓皇离场后，弥漫着暖色调的、亘古不变的阳光。无论是傅仲涛眼里，墓标似的、南北延伸瞧不见尽头的电杆，还是朱自清记忆中西长安街上那两条闪闪发光的电车轨，与张爱玲情有独钟的"空电车"一样，象征着时间的凝滞，甚至是都市文明的停摆。

二、从易帜到进城

从 7 月 29 日二十九军撤退，到 8 月 8 日日军进城，这十天的空档，北平城内虽暂且无事，位于西郊的海淀却因为西苑驻军，提前上演了"易帜"的闹剧。《九月烽火悼边城》(《宇宙风》1937 年第 49 期) 中 29 日主仆间的一番对话，可以看作这出闹剧的引子：

> 第二天，她（女仆赵妈）端菜送饭，往来咚咚几次以后，可就开了口啦。
> "天津——听说没拿回来，今早晨又听说连北京也着把上了！"
> 她的脸色又恢复了昨夜以前的样子，恐惧、忧愁。接着说："听说迟早鬼子要进城！"
> 她看了看我，我也看了看她，无言可答。不禁问她一句："那又能怎的？"
> "不是"，她说："我先问先生一声，先生有个预备没有？"
> "预备甚么？"我问。
> "鬼子国的旗呵！"她好像对我的不晓事而表示极度的

惊异说。

　　这一下可见出她的本领确比我来得高，我只得垂下头，加紧忙着用饭，假装没有听得十分清楚。

　　鬼子迟早要进城，挂不挂旗，挂哪国旗，女仆赵妈与在她看来"不晓事"的先生，各怀心事。这不是赵妈一个人的忧惧，凡是见识过庚子之乱的北平人都有此经验。《四世同堂》中，北平陷落后，小羊圈胡同内主事的李四爷立在槐树下，声音凄惨地对大家说："预备下一块白布吧！万一非挂旗不可，到时候用胭脂涂个红球就行！庚子年，我们可是挂过！"

　　据仲芳氏《洋兵进京逐日见闻记略》（《庚子记事》），庚子年八国联军入城后，各树旗号，分界管辖，"凡在界内之铺户住户，不拘贫富，各于门前插白布旗一面。居住某国地界，旗上即用洋文书写'大某国顺民'；又有用汉文写'不晓语言，平心恭敬'贴于门前者；又有按某国旗号样式，仿做小旗，插于门前者"。仲芳氏家为美国所管，门前即插"大美国顺民"白旗，并请精通洋文者写"此户系安善良民，乞勿骚扰"等字粘于门上。

　　7月29日以后北平城内的局势，虽然还没有到家家非挂太阳旗的地步，但外城一带，尤其是西郊西苑、海淀附近的居民，已被迫挂出用半只面粉口袋画一个红圈的旗子，甚至到了不得不头顶"太阳旗"出门的境地（春风《九月烽火悼边城》）。7月30日，住在西郊燕园左近的邓之诚在日记中写道："阴，气象愁惨"。这里的"愁惨"，与其指阴沉的天气，不如说是由"易帜"

而感到的亡国气象:"各商皆悬日本国旗,一家如此,各家效之,往来皆手执一小旗,后知首先悬日旗者巡警也。"

二十九军退出北平后的第十日,本来"遵约"不入城的日军从广安门、永定门、朝阳门进城。城门及其毗连的城墙,可视为北平的"界标",这意味着必须穿过实体的城门洞才能算"进城"。正是一重重颓败的墙垣,构成了北平这座古城的骨架。在飞机加坦克的现代战争中,故都的城门与城墙早已沦为装饰性的防御工事,但不能忽视它的心理作用,仍以看得见的空间结构区分着:谁在城内,谁在城外;谁属于这座城市,谁不属于这种城市。如《四世同堂》里一辈子蜷缩在北平城内的冠晓荷,被比作"都市的虫子",对城门的依恋与畏惧:"从城内看城楼,他感到安全;反之,从城外看它,他便微微有些惧意,生怕那巨大的城门把他关在外边"。

进城出城,早晚城门的开闭,从空间与时间上框定了北平人的生活秩序。外城、内城、皇城的框架结构,养成了北平人对城门连带城墙根深蒂固的心理依赖。甚至可以说城门与城墙已然内化为北平人最基本的秩序感与边界意识,其在战时的象征意义远胜于军事防御功能。在战争的非常态下,城门的开闭加固了一城民众同生共死的连带感。

8月8日俞平伯日记称:"立秋,阴,时有微雨","是日午间日军自广安、永定、朝阳三门入,遂驻焉"。《京都风俗志》曰:"立秋日,人家亦有丰食者,谓之贴秋膘。"(转引自邓云乡《燕京乡土记》)"贴秋膘"似乎是北平人的一个专有名词,"立秋"必得吃白肉,或联合三五友好,吃烤羊肉尝新,谓之"贴秋膘"。夏仁虎《旧京秋词》(收入张江裁编"燕都风土丛书")注称"旧都大立秋日食羊,名曰添膘。馆肆应时之品,曰爆、涮、烤。烤者自立炉侧以箸夹肉于铁丝笼上燔炙之,其香始开,可知其美"。据《实报》对1937年立秋日之特写:"秋节烤肉,各样炒菜",有的饭馆已把新写的市招竖在门前,不过宣武门内的"烤肉宛"还没有把铁支放出来,只有菜市口的"烤肉陈"先行开市。

与北平立秋"贴秋膘"的习俗,不应景的是日军之进城。8月8日《实报》声称"日军前方部队今日进城,稍作休息即将离平"。在北平地方维持会中担任要职的李景铭,与友人谈及日军入城的缘由,谓日兵司令部本设香山,借口通州保安队之反正,要求入城,故当局亦无法拒绝。当日李景铭自东城回,"沿途已见日兵,而我国警察手持钓竿以代指挥棒,吁可悯也"(《芦沟桥事变后北平闻见录》,《近代史资料》第65号)。

1937年立秋日的天气,按俞平伯日记所载,"阴,时有微雨",邓之诚日记亦称有阴雨,傍晚转晴,"凉飔乍起,金风动矣"。而老舍的《四世同堂》却想象成一派"亡国的晴寂":"天是那么晴,阳光是那么亮,可是整个的大城像是晴光下的古墓!"沦陷时老舍早已不在北平,仅凭借家人的口述与往昔的生活经验,试图还原北平沦陷的瞬间,在细节的精确度上,肯定不如当事者的回忆。据记者的现场报道,街上贴满"大日本军入城司令"的布告,宣称为"维持治安"而来,并没有"小住即去"的意思。8月8日进城的日军是河边旅团,约三千人及机械化战队,分驻在天坛、旃檀寺、铁狮子胡同的绥靖公署等处。十二点正开始入城,在天安门前集合,一共戒严约四小时,动用全市警力,有意让群众围观(鲁悦明《笼城落日记》,《沦亡的平津》)。

老舍的《四世同堂》没有正面描写日军进城的场景,却屡次提及坦克车的响动,最初"像从山上往下轱辘石头",声音逼近了,空中、地上都在颤抖,"像几座铁矿崩炸了似的",最后又化作"远处的轻雷"。事隔半个世纪,台静农追述起北平陷落的瞬间,记忆难免有些模糊,甚至记错了日军入城的日期,但有一个细节仍极鲜活:"坦克车巡回驰驶着,地都是动的"(《始经丧乱》)。

如果将8月8日日军进城,视作北平这座"死城"的出殡,这场葬礼的主角,并非三千人的河边旅团及以坦克车为主体的送葬队伍,而是无名的看客,是还要在这座"死城"中挣扎着活下去的北平人。一座城市的沦陷竟然是通过"观礼"的仪式完成的。群众的围观诚然有被迫的成分,有清醒的痛楚,但也有无意识的,甚至"观赏"的意味。

当日军集合通过时,北平中心区戒严四小时之久,柏油路上只见市政府供给的载重汽车和城外来的大车来往,偶尔也有拖着西洋人的人力车夫在广场上的"独步"。在众人艳羡的目光中,"似乎连车夫都感到了骄傲,他们的脚步把地打得很响"(鲁悦明《笼城落日记》)。每条路口都是不透风的人墙,有人处小贩子便来了，敲着酸梅汤的铜碗，拍打着满是青蝇的烂桃，西瓜贩吆喝着"斗大的块来"。警察、小贩、观众，彼此推搡、起哄、斗嘴，在如此嘈杂的人墙间，入城的日军及其携带的道具反倒沦为无声的布景。

当送葬的队伍走过，另有摄"颓废派"——雇来摇小旗的丑角尾随其后。东交民巷美国兵营的高墙上，还有白皮肤的看客在摄影。交通恢复后，天安门前留下的是马粪、烂旗和坦克车的齿印。地方维持会的代表及新贵们，沿着坦克车的轮印赶去叩谒日军司令。

日军此次进城，令四十岁以上的北平人回想起"庚子之变"。《四世同堂》中的祁老太爷，壮年时眼见八国联军怎样攻进北京，由此得出"抵抗"乱世的办法，只消备足三个月的粮食与咸菜即可。事变后，祁老太爷又援引老例向主事的长孙媳妇解释日本人为什么看上卢沟桥的那些狮子："庚子年的时候，日本兵进城，挨着家儿搜东西，先是要首饰，要表；后来，连铜钮扣都拿走"。在温顺的长孙媳妇面前，祁老太爷可以不断复述他的庚子经验，一旦碰到不配合的听众，老掉牙的故事立马被打断："日本人要卢沟桥的狮子？笑话！他们要北平，要天津，要华北，要整个的中国！"家中最不听话的老三瑞全，样子很像祖父，可在思想上两人"相隔了有几百年"。作为祁老太爷及其同辈人的口头禅，庚子经验纵然在卢沟桥事变后的语境中几乎完全失效，但从易帜到进城的仪式，可看出庚子早已积淀成北平人而且是不同世代的集体记忆。

三、"水平轴"的视野

  沦陷或许是一瞬间的事,但其造成的心理阴影,甚至作为一种生存状态却是长时段的,而且时段的长短,谁也无法预计。无论将北平沦陷的瞬间,定格在7月29日二十九军之撤退,还是8月8日日军进城,都是从领土主权的得失上定义"沦陷"。然而这只不过是城的沦陷、看得见的沦陷,真正可怕的是看不见的沦陷,或者说人心的沦陷。沦陷的瞬间,对于一座城来说,不难考证出具体的年月日;对于生活在这座城中的每个人、每个家庭而言,则未必发生在同一时刻。如若从日常生活的层面理解"沦陷",这些小写的日期反而更值得留意。在战争中引入日常性的维度,另一层意义在于从个体而非国家、党派的视角进入战争现场。从大写的历史中拯救出的个体经验,或能局部改写战争中面目模糊的受难者形象。

  "国家"、"主权"、"异族"、"占领"等概念,在得过且过的日常生活中,跟老婆孩子热炕头相比,并不是触手可及的实物。只有当最最基本的生活秩序无以维系,自己或家人受到切身的威胁,产生强烈的被排斥感时,才会摆脱看客的位置,意识到沦陷与个人的关系,进而锁定个人与国家主权的关系。

  对《四世同堂》中的祁老太爷而言,日本兵虽说进了城,只要还能操办自己的八十大寿,不妨碍他一家人过日子,不扰乱小羊圈胡同的平静,就不会产生"亡国"的意识。唯有无法守住自家的生活底线,发现三个月的粮食与咸菜竟不顶用,中

北京市民生活特辑，战时摄影杂志《北支》1942年6月

秋节的北平城竟然没有"兔儿爷"，才觉得"绝了根"，一切的人与事都十分不对。这种日常生活的异质感，不单作为个人或家族的危机，而被放大成共同体的危机强加于个人身上时，"沦陷"的概念才得到生活实感的支持。

以日常生活为基准，从"水平轴"的视野来捕捉沦陷的瞬间，关注的是北平人的共同体意识——并非民族国家框架内的"想象的共同体"，而着眼于吃饭穿衣、婚丧嫁娶，这种日常生活意义上的共同体，试图从地方性中发掘填充民族主义的要素（参见冈本惠德《水平轴思想：关于冲绳的"共同体意识"》，《开放时

中秋节出售兔儿爷，京都大学人文科学研究所藏"华北交通写真档案"

代》2009年第5期）。相对于自上而下的国族观念，"水平轴"的视角更注重横向地把握城与人的关系、人与人的亲疏远近。

沦陷作为日常生活的危机，不是以军事力量的进退为标准，取决于个人上下四旁的参照系。民众作为差异性的个体，当其养成对某一共同体的归属感时，是以自己及周边成员即亲友邻里的关系，是否得到相应的保证或受到阻碍为依据。一般社会的是非判断，出于朴素的道义感，更受制于其关切的对象、场所与个人关系的稳定性，并随着对象、场所的变化而变化。

沦陷时期北平民众的共同体意识，与其说以国族意识为基础，毋宁说立足于不同个体、不同阶层的生活实感，靠"水平轴"上的生活秩序取得心理平衡，并从具体而微的生活实例当中，生发出彼此的连带感及一同活下去的意愿。这种生活秩序的自我修复能力，日常的挣扎与零碎的反抗，才是潜藏在民众懵懂的情感领域，未被概念化的共同体的生存基础。

（原刊于《文化研究》2013年第17辑，略有删节）

声音的风景：北平"笼城"前后

声音转瞬即逝，是唯有在现场才能"看见"的风景。从声音的角度介入 1937 年北平沦陷前后的社会状况，关注的是战争如何侵入北平人的日常生活，改变生活的节奏，为整个城市"调音"。战争与某个具体城市、与城中人、与地方的遭遇，往往被以民族国家为主体的大叙事所遮蔽。回到北平"笼城"现场，则不能无视炮火纷飞下日常生活的连续性。战争造成的非常态，给城中人带来的感官刺激，如何演变为生活的一种常态，被日常生活的强大惯性所吸纳。

一、"货声"的发见

日本汉学家青木正儿在中国行记中称北京是"音乐之都"，他欣赏的不是丝竹弹唱之声，而是当地人充耳惯闻，却习焉不察的"生活之籁"：睡懒觉的早晨，枕上便听见卖水的推车的轧轹声，剃头挑子与磨刀担子互相唱和，裁缝摇着拨浪鼓，哗朗哗朗恍如雨打芭蕉之曲；卖炭的堂鼓，扑通扑通赛过击鼓骂曹；收旧货的小鼓就像唱滑稽小调（《竹头木屑》）。最能体现声音地方性的，当属北平城中流动的"市声"。这种流动的叫卖声，牢固地附着在北平特殊的城市肌理上，一点点地渗透进京兆人及侨寓者的地方记忆。在沉迷于异邦声色的青木正儿听来，"种种叫卖之声，有如老生，有如净；有快板，有慢板，收废纸的一声'换洋取灯儿'，有如老旦的哀切，深夜叫卖饽饽的长腔使馋鬼们几欲断肠"。

"歌唱流连"的叫卖者，被沦陷时期寄居北平的作曲家江文

青木正儿《北京风俗图谱》，东京：平凡社，1986年

也誉为"胡同里的音乐家"(《北京铭》)。当时已经登上世界舞台的江文也,在北京师范学院任教时,常利用午休的时间,去搜集街头巷尾的叫卖声,并把各种货声揉进自己的管弦乐中。1938年作的钢琴曲《北京万华集》(又名《北京素描》)里有两首,如"小鼓儿,远远地响",便是向"胡同里的音乐家"偷师之作。

北平城中流动的货声,本是两耳不闻窗外事的读书人熟视无睹的风景。沦陷的阴影使它忽然被觉察到,进而被读书人急于用文字存留下来。一旦用文字固定下来,作为对城市、对往昔生活的追悼,即预示着这种随风飘散的声音,成为即将消逝的风景,无异于闲园鞠农蔡绳格编撰《一岁货声》的用意:"往事凄凉,他年痦寐,声犹在耳,留赠后人"。

货声的播扬有两种途径,一是列摊街头或赶庙会的固定商贩,不分节令,长年累月地蟠居一隅;另一路则是穿街过巷的货郎,他们的叫卖,因节令而增减,视销路为转移。闲园鞠农的《一岁货声》"注重门前",即城市中流动的货声。此书之难得,不单是"眼光向下"的趣味,更在于纪录方法之精细,能"描模维肖"。如何用文字捕获随风飘逝的吆喝,按其凡例所云:"凡货声之从口旁诸字者,用以叶其土音助词而已,其字下叠点者,是重其音,像其长声与馀韵耳。"

货声当然不是北京独有的风景,讲究生活之艺术,且以京兆人自居的周作人从货声中"深深的感到北京生活的风趣,因为这是平民生活,所以当然没有什么富丽,但是却也不寒伧,

街头的固定商贩　　　　　　流动的货声

自有其一种丰厚温润的空气，只可惜现在的北平民穷财尽，即使不变成边塞也已经不能保存这书中的盛况了"。借由《一岁货声》，周作人遥想咸、同年间京城尚且"丰厚温润"的空气，作为参照的是东三省沦陷后、业已变成"边塞"的北平。这一岁流转的货声，与其说是对前朝盛世的追怀，不如说是凭吊立于战争的悬崖边上，即将由"边塞"沦为"异域"的北平。

1936年6月在南北知识界都颇有号召力的《宇宙风》杂志推出"北平特辑"，陶亢德在编辑后记中，转引周作人的话说，北平"现在不但不是国都，而且还变了边塞，但是我们也能爱边塞，所以对于北京仍是喜欢，小孩们坐惯的破椅子被决定将丢在门外，落在打小鼓的手里，然而小孩的舍不得之情故自深深地存在也"。《宇宙风》此时推出"北平特辑"的用意，诚如孩子般的不舍之情，不妨视作知识界对"被决定将丢在门外"

的北平的提前追悼。

《宇宙风》这期特辑中收有吕方邑的一篇《北平的货声》，作为入话，一开始就交代"我为什么离开北平"。尽管这里不乏生活的余裕，几间小瓦房，屋前有一方宽大的院子，然而作者"一定要离开北平"。迫使他舍弃种花、养鱼、看书的安逸生活，逃出北平的是"围城"的意象。颓败的城墙作为古城的隐喻，是出逃的借口，未必是现实的缘由。吕方邑坦言，"我是舍弃了北平，可是，我不要，却有人正在等着要它。当我回忆起北平的时候，北平已经不是我的了。"同样，当读书人不约而同地追忆起北平的货声，货声已经是被战争构筑的"音墙"所屏蔽的风景。

二、战争为城市"调音"

北平由"危城"进入"笼城"状态，从1937年7月7日卢沟桥事变算起，到7月29日宋哲元率领二十九军撤退，大致是阴历六月间，入夏三伏的这一段。从街头巷尾的叫卖声中能觉察出时序的流转，故闲园鞠农的《一岁货声》是分月编排的，不只按春夏秋冬四季为序。可与此书对读的是旗人富察敦崇所著的《燕京岁时记》。这类梦回前朝的风土志，用周作人的说法，"因为在变乱之后，举目有山河之异，著者大都是逸民遗老，追怀昔年风景，自不禁感慨系之，其文章中既含有感情分子，追逐过去的梦影，鄙事俚语悉不忍舍弃，又其人率有豪气，大胆的抒写，所以读者自然为之感动倾倒"（《十堂笔谈·风土志》）。作为山河变色后往昔生活的梦影，"一岁货声"成为读书人不忍舍弃的"鄙事俚语"。

1937年7月19日夜半，《宇宙风》的特约撰稿人王向辰，化名为"老向"给编辑陶亢德写信，描述北平城内的紧张空气：

> 今夜（七月十九）虽勉强握管写信，然而心情颇不平静，因为刚刚听得两三声不平凡的炮声，仿佛就在阜城门外。隔壁本来有人正吊嗓子，拉胡琴，也突然停止了。我住的这条胡同里本来没有多少狗，不知怎么成群成队的集在一起乱咬一锅粥。车夫叱狗，犹如问"口令"！也着实令人心惊。大街上遥遥的送来的汽车喇叭声，也好像满含着杀气。我独自立在院中静听了多时，也没有听出个所以然。
> （《沦陷前夜的北平》）

"不平凡"的炮声、胡同里的狗叫、车夫的训斥、大街上的喇叭声，及骤然中断的咿咿呀呀的哼唱配以胡琴，点染出沦陷前夜的声音风景。作者独自立在院中静听的姿态，一下子拉近了与战火的距离，似乎能嗅到前线的硝烟味。

据老向观察，"笼城"期间单看北平的街面，白天不像是发生了战事：电车虽然早出晚归，总没有罢工；卖菜的、卖西瓜的，照样串着胡同叫卖；卖小金鱼儿的、卖花儿的，仍旧唱着音乐似的调子。7月12日《实报》——北平销行最广的小型报——上关于战事的报道，以"昨晚炮声"、"午夜枪声"为题，"本报特写"这一栏为证明"北平全城人心镇定"，特地写到外城开放后菜贩活跃的情形，甚至列出素菜的价目表：

> 洋葱（每斤）铜元十六枚，柿椒二十枚，茄子十枚，茎兰八枚，洋白菜十四枚，韭菜台二十四枚，芹菜十六枚，回香十四枚，毛豆二十四枚，江豆十四枚，扁豆十二枚，土豆十四枚，西红柿二十四枚，大葱十枚，大白菜每棵十六枚。

不过菜市场中一条比较大的咸鱼，要卖到二角多。阴历六月里的时令菜如何叫卖法，照《一岁货声》纪录，北平城里东西南北各个角落此起彼落地吆喝着："白花藕来，河鲜来，卖老莲蓬来呀"；"鲜菱角来哎，卖老嫩菱角……来喽……"；"熟海棠，一大碗"；"抓鲜榛子"，"抓小芥菜"，"老鸡头，才上河"……

六月暑热，西瓜是最应时的"清凉饮"。《燕京岁时记》云，六月初旬，西瓜已登场，有三白、黑皮、黄沙瓤、红沙瓤各种。"沿街切卖者，如莲瓣，如驼峰，冒暑而行，随地可食"。串巷售者，推车满载，吆喝而过，与其说是卖西瓜，不如说是"唱"西瓜。沦陷前夕吕方邑纪录的唱词是："吃来吧，闹块尝呀，块儿又来的大来，瓤儿又得高，好啦高的瓤儿来，多么大的块来，就卖——一个大钱来！吃来吧，闹块尝呀！"（《北平的货声》）

吆唤了一大套,还没点出"西瓜"两个字。三十年前《一岁货声》的版本更凝练:"块又大,瓤儿又高咧,月饼的馅来,一个大钱来。"西瓜瓤儿怎么扯到"月饼的馅"上?邓云乡《燕京乡土记》解释道,除去夸耀瓜瓤的甜腻,从岁时风物上说,西瓜本是中秋供月之品,北方吃瓜要从六月吃到八月中秋为止。另一种吆喝法只有一声:"管打破的西瓜呀哎!"所谓"管打破",指当面切开,以验生熟。

俗语云"冷在三九,热在中伏"。住在北平西郊的邓之诚,7月22日日记称"阴,旋晴。午后溽暑,八十六度。中伏","今之热为今年所无"。据《大公报》报道,该日午间已突破华氏百度,"马路两旁之零售西瓜者,多如江鲫",至夕阳西坠,热度未煞,市间冷饮如汽水、酸梅汤、冰激凌等均极畅销。卖冰激凌的小贩,也有十套八套的唱词,且套套不同:

冰儿激的凌来,雪又花来落,又甜又凉来呀,常常拉主道。

玉泉山的水来,护城河的冰,喝进嘴里头呀,沙沙又楞楞。

盛的又是多来,给的又是多,一个一铜子来,连吃还带喝。

一大钱一盏来,您就尝一尝,多加上桂花呀,多加上白糖。

这套齐整的唱词实际上是从《一岁货声》中脱化而来："冰镇的凌啊,雪花的酪,城里关外拉主道!""你要喝,我就盛,解暑代凉冰镇凌。"

比冰激凌成套的唱词更有老北京韵味的,是冰核儿的叫卖声:"哩唻喊咳,冰核儿嘞哎!"《燕京岁时记》于六月中记"冰胡儿"曰:"京师暑伏以后,则寒贱之子担冰吆卖,曰冰核儿。胡者核也。"关于冰核儿的由来,翁偶虹解释道,昔年无人造冰,天然冰取于什刹海及运河,冬日窖藏,六月出售。贫家小儿群集于冰窖外,捡拾贩冰者遗落的冰块,走街串巷地叫卖,因极廉价,小儿童喜食之。宗璞《南渡记》中描写沦陷前夜的清华园,称清晨随着夏日的朝阳最先来到孟宅的就是送冰人:"冰车是驴拉的,用油布和棉被捂得严严实实,还可从缝里直冒水气,小驴就这么腾云驾雾似的走了一家又一家。"送冰人用铁夹子和草绳把冰搬进家中,笑嘻嘻和下人扯几句闲话,跨上车扬鞭而去。

流动的货声不单是听觉的享受,夏日暑热的蒸熏还会带出嗅觉的美。日本文人奥野信太郎的《随笔北京》中,关于芦沟桥事变的《前夜》与《笼城前后》这两篇,都提到姑娘胸前点缀着小而白的茉莉花。卖花的小贩,篮筐中盛有成对的白玉兰和零散的茉莉花,外敷冰块,防止隔夜花朽;冰块上用荷叶托着单朵的晚香玉与玉簪花(俗称玉簪棒儿);另用水湿兰巾包着整枝的晚香玉,及黄、白、紫三色宜于插瓶的香蓉花,旁边还备有桑叶缚裹的叫唧嘹儿即鸣蝉,用来哄小孩子,好让妇人安

卖芍药的老者

心选花。"七个须、八个瓣儿的晚玉兰来——大朵","玉兰花儿来,茉莉花儿来,玉簪棒儿来,香蓉花儿来,叫唧嚓儿!"叫卖声婉转悠扬,飘入闺中,姑娘们闻声心动,仿佛已有花香扑鼻而来,或就门前挑拣,或唤进庭院中细瞧。

三、沦陷前夜的挽歌

1937年7月27日晚9时,王向辰从北平寄给陶亢德的最末一次信中,称他"僻处在一条陋巷里","鼓昏时候,只是有些卖炸豆腐的,卖硬面饽饽的,卖猪头肉的,晚报的叫卖来得颇晚"。26日晚上,在院中歇凉,街上的小贩一个也没有,城外的炮声听得格外清楚,直到9时,仍然没有卖报声。第二天早晨才知道昨晚紧急戒严,日军正轰炸北平城西南侧的广安门。

沦陷前夜,城中人对炮声、报声的敏感远胜于平日的货声。北平这座"音乐之都",即便在夜间,也有它独特的风景,最奇异的恐怕要数硬面饽饽的叫卖声。硬面饽饽即火烙饼饵之类,花样繁多,据《一岁货声》注云,有"子儿饼饼、双喜字加糖、硬面镯子、咸螺丝转、油酥烧饼、鞋底子鱼、五福捧寿、奶油饼饼"等名目。买它的主顾大半是些"夜里欢"的住户,或挑灯夜读,或料理女红,有的甚至不必出门,从后窗中递进递出即可。沦陷时期蛰居北平的夏仁虎在《旧京秋词》中忆及此种货声:"可怜三十六饽饽,露重风凄唤奈何。何处推窗呼买取,夜长料得女红多。"诗后自注引《顺天府志》记载,"都下编户人家,临街辟窗,以进热食,不须启户"。

每当更深夜静,卖硬面饽饽的便挑担握筐,手提油灯,深入小巷,唱出惊梦之声:"硬面唵,饽啊饽饽"。有诗云:"饽饽沿街运巧腔,馀音嘹亮透灯窗。居然硬面传清夜,惊破鸳鸯梦一双。""硬面饽饽"拢共才四个字,究竟如何"运巧腔"?吕方邑形容这种叫卖声"又尖又促,卒然一声,能使毛发俱立"。仅以"尖""促"概括,并不确切,邓云乡记录的唱法是把"面"字拖得特别长,在韵尾部分有"儿"的馀音,"饽饽"二字又转急促。

货声的尖圆缓急,不仅取决于唱者运腔之巧拙,更与听者的心境息息相关。在沦陷北平的特殊境遇下,里巷间的叫卖声

一岁货声序

虫鸣於秋鸟鸣於春发其天籁不择好音耳遇之而成声非有衍爱憎於人也而闻鹊则喜闻鸦则唾各适其适於物何有是人之聪好自鉴而自多其好恶者也朝逐於名利之场暮夺於声色之境智昏气馁而每好择好音自居是其去天之愈远而不知也嗟乎雨怪风盲惊心溅泪诗亡而礼坏亦何暇寻此天籁耶然而天籁亦未尝无也而观夫以其所蕴陆然而凭自成音节不及其他而犹能少存乎古意者其一岁之货声乎可以辨乡味知勤苦纪风土存节令自食乎其力而益人於常行日用间者固非浅鲜也朋来雁过留声以供夫后来君子先绪丙午闰月闲园鞠农偶志於延秋山馆

未尝不可寄寓读书人难以明言的心曲。夏仁虎《旧京秋词》注云："夜闻卖硬面饽饽声，最凄婉。"周作人以为《一岁货声》记载的卖硬面饽饽的唱腔，"与现今完全相同，在寒夜深更，常闻此种悲凉之声，令人怃然，有百感交集之概"。《一岁货声》凡例曰："凡同人所闻见者，仅自咸、同年后，去故生新，风景不待十年而已变，至今则已数变矣。""去故生新"，昔有今无，固然可生叹慨，周作人由此更翻出一层意思："若今昔同然，亦未尝无今昔之感，正不必待风景不殊举目有山河之异也。"进而言之，山河变色后再闻此声，岂非更觉凄婉悲凉？

夜间的各种叫卖声，已渐渐渗透进读书人尤其是夜读者的精神生活。1936年初，词人顾随将自家位于北平东城的书房命名为"夜漫漫斋"，其在《积木词》自序中解释斋名的由来："冬日酷寒，安炉爇火，乃若可居，而夜坐尤相宜，室狭小易暖故。背邻长巷，坐略久，叫卖赛梨萝卜、冰糖葫芦及硬面饽饽之声，络绎破空而至，遂又命之为'夜漫漫斋'。"而作此序时"墙外正有人叫卖葫芦冰糖也"。卢沟桥事变后，北平全市戒严，每晚八时"净街"，硬面饽饽这种"夜游神式"的买卖不得不消歇下去。从事该业者一年到头夜卖、晓归、早睡、午后烙制，太平年月尚能养家糊口，一旦发生战乱，或地面上不太安宁，实行宵禁，其生意自然要受影响，时间一长便沦为要饭的买卖。

夜间随着"梆梆"的击柝声，出入胡同，与卖硬面饽饽者作伴的，还有另一种"夜游神"——更夫。这种声音虽对于防盗很难有什么实际的效用，但无疑是北平人最熟悉的催眠曲。

1930年代侨居北平的诗人南星谈及与更夫相遇时："我总是问他什么时候了，他的'十点'或'十一点'的声音正如一个睡歌，我听了就心里柔和，可以即刻去安卧了。"

另一位诗人马文珍在组诗《北平秋兴》中，写到1937年沦陷后第一个中秋夜的场景："立在风露中听南京的广播来自隔院"，"街头巡夜的更声，凄凉的来到窗前"，结尾与之呼应："南京的广播，渐渐被扰乱中断"，并再次回到"街头巡夜的更声"。"南京的广播"与北平"街头巡夜的更声"交织在一起，构成了中央与地方、现代与传统并行不悖的听觉空间。广播这种媒介，特别是来自南京的广播，拉拢了吾国与吾民的关系，超越了更声所笼罩的时空范围及其串连起来的地方记忆。

市声沉寂后，取而代之的是间歇性的炮火声。战争构筑的无形的"音墙"，主导着北平人的听觉，掩盖掉日常生活中"执拗的低音"。7月28日朱自清日记谓"战事终日不绝。消息不佳"，"大炮轰鸣终日，晚尤甚"。同日俞平伯日记亦称"微阴，疏雨。枕上被唤醒，以炮声甚响"，"炮声至午夜始渐稀"。

马文珍《北平秋兴》的最后一首，题为"惜别词"，有一节关于声音的风景，呼应了吕方邑《货声》中"我一定要离开北平"的誓言："菜油灯渐渐闇澹，／西风吹着窗纸响；／街上电车的铃声，／丁当入耳。巷内／有卖硬面饽饽的，／跟随着一曲胡琴，／踱过熟习的深巷。∥无言的抽着烟卷。／凄凉的市声留在／屋里。'我走了。'"

战争的威胁会唤醒声音中潜伏的地方记忆。根据感官经验，可以区分两种意义上的地方：一是依凭走马观光的视觉经验拼贴出的地方图景。这种城市意象，主要来自旅游手册提供的讯息，并用高度象征性的视觉符号——就北平而言，如紫禁城、天安门、天坛等，印证观光客对城市的固有想象。另一种则是由日复一日的生活经验积淀而成的地方。这种"地方感"源于鸡毛蒜皮的生活常识，源于人与人之间的互相关照，源于周遭环境的整体经验，即长期以来由听觉、嗅觉、味觉、触觉所强化的归属感，一种"盲目"的归属感。

在与大众传媒结合以前，声音的转瞬即逝，却恰好保证了经验的现场感。与植根于图像文字，具有超时空性的视觉经验相比，囿于一时一地，甚至是一隅的声音无疑是弱势的。但在"笼城"这种隔绝的环境中，尤其是信息不透明的状况下，视觉的支配地位多少会被削弱，听觉在日常生活中的作用就会凸显出来。无法强行开合的听觉，确实是被动的，却提供了一种与地方、与战争更直接的，或说面对面的相遇。

（原刊于《北京青年报·星期学术》2014年4月4日）

沦为"孤岛"的教会大学
—— "七七"事变后燕京大学的校园氛围

引言 走向燕京

1937 至 1945 年处于沦陷状态下的北平,并非密不透风的铁屋子,而更接近于张爱玲小说中描写的封锁状态——"叮玲玲玲"的摇铃声,连缀成一条虚线,切断了时间与空间(《封锁》)。在沦陷北平的都市风景中,面对日常生活里实存或想象的危险,可以找到各种性质的避难所,其周边甚至还有一些相对自由的"孤岛"。

"七七"事变后的教会大学,对于滞留在北平的读书人而言,无疑具有政治庇护的功能。佐藤清太在《北京——转换中的古都》(东京:目黑书店,1942 年)一书中论及收回教育权的问题,称辅仁、燕京、协和医学院等教会背景的学校,"如同互为敌国一般"割据分治,当局者根本没有干涉的余地。事变后,这种分治割据的倾向愈发明显,对比敌伪扶植的大学与教会学校的招生情况即一目了然。

抗战胜利后燕大学生自治会编印的《燕大三年》，追述学校沦陷时期的境况，称被政府丢弃在沦陷区的大批青年，不甘心忍受"奴化教育"，又来不及撤退到大后方，唯一的希望就是"走向燕京"。在重重监视下，颇遭日伪嫉视的燕京大学成为一座孤岛。当时还是学生的林焘在《浮生散忆》（《燕园远去的笛声》）中亦用"孤岛"来形容沦陷时期的燕大。北大、清华南迁后，燕大成为沦陷区青年最向往的高等学府，入学竞争相当激烈。

"孤岛"这个概念，标示出抗战时期燕京大学在北平乃至整个华北文教界的特殊位置。类似于上海的租界，在战争的非常状态下，教会大学成为国中之国，或都市边缘的"飞地"。租界或准租界性质的"孤岛"在战乱中的作用，既是藏污纳垢之所在，也是各种反对势力的滋生地，收容过晚清的革命党人，民国后又是遗老遗少栖身之处。然而，沦陷时期的教会大学是否真的是与世隔绝的"孤岛"？要维持"孤岛"的相对自由，需要付出怎样的代价，做出何种程度的妥协？需要哪些形而上及形而下的条件，如信仰支撑、政治庇护、资金来源，才能保证其道义上的清白？最终如何协调教会学校所标举的宗教理想——在去宗教化的压力下，转化为一种生活模式的宗教——与社会危机、国家存亡的关系？

一、星条旗下

在 1920 年代声势浩大的反宗教运动中，教会学校被视为准租借地，因其遭逢战乱便挂起洋旗，"俨然成为北京之东交民巷"（赵质宸《教会教育与中国》，《新国家》1927 年第 3 期）。燕大校长司徒雷登回忆，在北平沦陷的危急关头，燕大第一次升起美国国旗，其作为最先在教育部立案的教会大学，过去只升青天白日满地红的国旗或燕大的三角校旗。尽管急于保证美国教职员及中国同事的安全，并非美国大使馆的所有成员都赞成燕大悬挂星条旗，因为严格说来，燕大毕竟是在中国政府注册的机构（《在华五十年》）。1937 年 7 月 29 日，北平城内传来二十九军退出平津的消息，日机飞走后，一辆来自美国大使馆的小汽车停在贝公楼后面，专程送来一面美国旗。"当灿烂的美国旗在空中飘扬；太阳旗已遍遮燕京外面的世界了。"（《未名湖畔忆离散》，收入《沦亡的平津》）

从 7 月 29 日二十九军撤退，到 8 月 8 日日军进城，这十天的空档，北平城内虽暂且无事，位于西郊的海淀却因为西苑驻军，提前上演了"易帜"的闹剧。西郊西苑、海淀附近的居民，已被迫挂出用半只面粉口袋画一个红圈的旗子，甚至到了不得不头顶着"太阳旗"出门的境地（春风《九月烽火悼边城》，《宇宙风》1937 年第 49 期）。

7 月 30 日，住在西郊燕园左近的邓之诚在日记中写道："阴，气象愁惨。"这里的"愁惨"，与其指阴沉的天气，不如说是由"易帜"而感到的亡国气象:"晨,闻日军自热河来者,已来西苑,高悬旭日旗。西栅阑营门有日兵二十名,海淀零星日兵甚众,向商家'公平'交易","各商皆悬日本国旗,一家如此,各家效之,往来皆手执一小旗,(后知首先悬日旗者巡警也。)西区署长亦手执一尺许日本旗。日兵过者顾而哂之。"8月2日日机轰炸南口,驻扎在西苑的日军被调往清河迎战,然竟日未闻炮声,"海淀之人以为日军皆去矣,急下所悬日旗,后知不然,又复张挂,(当下旗时,亦有未下者,自以为老成也。)愚民可哂如此"。

邓之诚的议论直指人心,却多少忽略了他自身得以反抗"易帜"的客观环境,即其任教的燕京大学对读书人提供的政治庇护。一篇化名为"燕京人"所作的《流亡记》(《沦亡的平津》),描述了1937年8月3日其坐洋车从西直门出城后一路上的见闻:路旁沟内有许多被雨水淹没的死尸,警察署空无一人,屋旁添了几座新坟和未掩埋的棺材。"到了海甸,看见家家都悬日旗,多是纸作的,上涂一大红点就算了。到此才真真觉得是作了亡国奴。"8月7日俞平伯乘车出西直门往清华园,见"西郊平静如常,偶然少数日兵。海淀街遍悬日本旗,小学悬之,庙亦悬之。其从简者则以素纸涂一红圆。燕京大学校友门之南有日哨兵检查,略询视即放行"。

1937年8月,燕大英文系教授包贵思(Grace M. Boynton)在一封信中描述了卢沟桥事变后校园周边的紧张空气。为避开突如其来的空袭,她睡在自家花园里,在七月炎热的夜晚,有天作卧室的吊顶,环绕的西山当屏风也是不错的事,只是不时被远近的枪声惊醒。海淀警察与日本人雇佣的"便衣人"间有一场持久战,但暂时还没有干扰到包教授的花园世界。学生们像平日一样出现在课堂上,校车按时往返于北平城与西郊之间,足以令她忘掉耳边的枪炮声。从邻居的收音机里,包贵思第一次听说卢沟桥事件,卢沟桥在北平城的西南面,而燕大在西北侧。7月10日她进城去看牙医,发现城门半开着,有一扇用沙包加固,传说谈判很成功,但夜间传来更激烈的开火声。海淀警察已表示对"便衣人"无能为力,开始组织市民治安委员会。为保护西苑,每个商店都得提供一个劳力去挖战壕,面临食物短缺的危险。7月15日晚,司徒校务长转达美国使馆的建议,要求所有外国人尤其是女士们撤离燕大进城避难(《燕大文史资料》第七辑)。

事变发生时,正在燕园养病的冯沅君,以纪事诗的形式记录下沦陷初期看似平静甚至异常喧嚣的校园生活,尤其是在谣言与事实的拉锯下燕大人的心理起伏。1937年秋,燕大顶住外间的传言与压力照常开课。为了在非常时期维持常态的校园生活,唯恐青年人激于忠愤而有出轨的举动,校方解散了学生会,严格控制种种集会,规定刊物均须事先送交"学生生活辅导委员会"核准;又担心校园生活过于沉闷,便不遗余力地提倡课外活动,每晚在男生体育馆组织师生扑克会,"灯火煌煌,人语杂沓,常至午夜始散"。此外出租两匹驯马,供学生驰聘逍遥,连年逾六十的司徒雷登也来助兴。冯沅君戏讽道:"日落秋郊试马回，象棋六簿又开催。谁言冀北无春色？曷向勺园领略来。"
（《丁戌纪事诗》其五）

1937年11月《燕京新闻》上发布"学生生活条例"，规定社团组织"以无政治目的的活动为限"。秋季开学后，除了院系间的比赛、联欢，以国剧社最为活跃，吸纳了不少有舞台经验的新会员，预备于弥赛亚歌咏会前举行公演，挑选的剧目如六月雪、奇冤报、打渔杀家等。公演前数日，国剧社在未名湖上的岛亭彩排，鼓乐之声，闻于遐迩，冯沅君感叹："连天萧鼓日喧喧，不数国仇不数恩。华屋犹春人似海，夜深观演窦娥冤。"（《丁戌纪事诗》其六）每年圣诞节前，燕大的宗教团体照例组织

燕京大学校园生活

弥赛亚歌咏会，沦陷后亦未停辍，以救济贫民的名义在北京饭店举行。听众大都为"北平豪家及欧美人士"，歌者多盛装，外着黑衣，如牧师之长袍，"广厅中灯光照耀如白昼，温暖如暮春"，置身其间真不知人间何世也。然而华灯高馆外的景象却是"塞北江南羽檄驰，寇师已迫蒋山陲"（《丁戌纪事诗》其七）。

二、风流云散

冯沅君的纪事诗与注之间往往形成某种张力：注释就事论事，平铺直叙，不参杂个人的感慨、议论；而纪事诗的结构方式，则跳出燕园这个安稳的小世界，引入"塞北江南"的战争场景，与校园内外的歌舞升平形成极大的反差，褒贬之意寓乎其间。如第八首描写圣诞节的狂欢氛围："金爵翠盘纵以横，燕园何处不歌声！可怜圣诞狂欢里，万姓椎心哭历城。"自注云燕大向来重视圣诞节，1937年的庆祝活动盛况空前。节前十数日，学校当局就通知教职员多备茶点、游艺招待学生。自24至26日三夜，教职员住宅区如燕东园、燕南园、朗润园、蔚秀园各处，家家华灯、锦裀、醴酒、香茗，如接待贵宾。凡是燕大学生，无论认识与否，入门皆殷勤款待，学生中有一夕之间出入六七家者。25日夜，更有人结队绕校园高歌，欢笑达旦（见冯沅君《丁戌纪事诗》其八注）。

这种走街串巷的庆祝方式，缘于燕大特别的师生关系，完全是"非教室"的，严格执行所谓门户开放政策（Open Door Policy）。演绎这种师生关系最精彩的地方，当属教职员的客厅。据燕大人自己描述，"那绿荫掩映之下，家园处处，门铃可按，鸡狗不惊，早教你如置身于武陵源中。若乃玻璃之门既启，主人延你入 drawing 之 room，沙发可坐，地毡无声"（《一团和气：燕大师生关系的特征》，《燕京新闻》1939 年 9 月 1 日）。这种场合下，既不是为求知而来，不如暂时舍弃书蠹的酸气，享受非课堂的权利，这是燕园作为欧美背景的教会大学独有的雅集风尚。

陆侃如夫妇住在天和厂一号，圣诞节当晚冯沅君备制了灯谜，任人猜忖，中者有奖。然而学生们到底是为凑热闹而来，

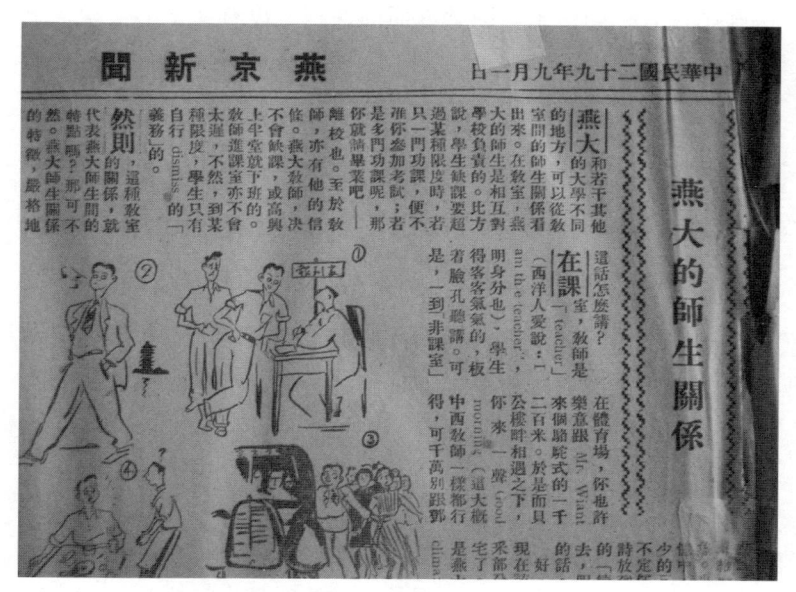

《燕大的师生关系》，《燕京新闻》1940 年 9 月 1 日

谁愿在那里绞尽脑汁呢？主人只好捧出一盘蔻蔻糖来饷客（《教授住宅佳宾若鲫 糖果茶点雅增情趣》，《燕京新闻》1937年12月27日）。师生雅集上的茶食，虽只是象征性的点缀，却分为中西两派，中式以邓之诚的广东烧卖为代表，至于西点则家家都有老手的厨子。沦陷后随着物价脱轨的飞涨，雅集上的点心也一年不如一年（《燕大的师生关系》，《燕京新闻》1940年9月1日）。

1938年初，陆侃如应云南大学之聘南下，辞去燕大国文学系主任一职，夫人冯沅君自然随行。"七七"事变后人心涣散，兼任讲师如钱穆、闻一多、王力，助教沈国华、陈梦家均避乱他去，国文学系的阵容本就七零八落，系主任陆侃如走后，更是溃不成军，教授只剩下郭绍虞、容庚、刘盼遂、董璠四位，讲师则仅有顾随留平。国学方面的课程，设有文字形义学、甲骨钟鼎文、训诂学，文学方面则靠文学史、诗史、批评史、散曲选、新文艺习作支撑门户。无奈之下只好抬出文学院院长梅贻宝暂代系务，并承前校长吴雷川、老校友冰心仗义"出山"，又从城里请来王西征主讲新文艺，才勉强压住阵脚（《文学院本年概况》，《燕京新闻校友特刊》1938年3月13日）。

到下学期，院长梅贻宝也卸任南下，国文学系转由郭绍虞负责。郭氏试图积极改进，计划国故与作文并重，应全校各学系的一致要求，在习作中偏重文言文的训练，使学生出校门后得以应付社会的实际需要（《郭绍虞先生谈国文学系新计划》，《燕京新闻》1938年10月7日）。新文学出身的郭绍虞，既不愿旧文学有抬头之日，但也不得不承认过渡时期白话文反不如文言文适于一般人的需要（《我也谈谈新文艺的功罪》上，《燕京新闻》1938年12月9日）。"新文艺的功过"成为沦陷初期燕大国文系自我调整的问题点。

冯沅君南下后接到燕大友人的来信，得知事变后被日军占据的颐和园重新对外开放，燕大师生群往游泳，于骑马、打扑克外，又添了一种游艺（《丁戌纪事诗》其九注）。1938年夏间，学校当局专门成立"暑期生活辅导委员会"，留校同学上完晨课后，便可成群结队地骑车到颐和园去，在昆明湖里与鱼虾为伍，这种外人享受不到的权利是校方特别交涉的结果（《暑期留校同学生活素描》，《燕京新闻》1938年9月8日）。这批留校同学大部分成了颐和园的长期"游"客，龙王庙一带每日都可找到六七十位燕园人士在水中兴波作浪（《燕园消暑记》，《燕京新闻》1940年9月1日）。司徒校长不但骑术精湛，游泳的水平也相当了得，能从颐和园的石舫到龙王庙打个来回（竺磊《司徒校长的日常生活》，《燕京新闻》1940年9月28日）。

燕大师生游颐和园，享有大洋二角的优惠，1941年开春以后，此种优待券供不应求，其中不乏同学为城内亲友代购的。颐和园方面不得不宣布优待券在春假期间无效，最后由校方出面，才协商出通融的办法，让游园的师生持证买券，限购一张。这场优待券惹出的风波，反映出燕大与战时不甚协调的校园氛围，同时折射出沦陷北平的生活常态。脱离沦陷区的冯沅君不禁担心这"十里昆明水"洗净"青年敌忾心"（《丁戌纪事诗》其九）。

三、藤花会

燕大作为教会大学，人事关系错综复杂，不仅是外籍教职员与中国教员、行政管理层与一般教员、基督教徒与儒教徒如何共处的问题，在中国教员内部，还存在老辈学者与新派学者的分歧。如何将古今中西糅合在一起，涉及到国族、语言、宗教信仰、伦理观念、教育背景、治学方法、生活习惯乃至更细微的着装差异。比如为人带有老辈遗风的邓之诚，服饰、派头就与按西方模式建立起来的燕大习俗殊不相类，不但雅集上提供的糕点别具一格，老生会提醒新同学如果在贝公楼畔与邓先生相遇，千万别用"Good morning"打招呼（《燕大的师生关系》，《燕京新闻》1940年9月1日）。

与西化的校园氛围有些格格不入的邓之诚，之所以能在燕大立足，全靠历史系主任又曾任教务长的洪业所起的中介作用。洪业的西洋派头，早年的满口外语，只是其表，无论学术偏好还是思想感情，都可谓儒者的典型。所以哈佛大学出版的洪煨莲回忆录取名为"A Latterday Confucian"，一位季世儒者。1946年邓之诚在《送洪煨莲赴美讲学序》中，称其为"孝弟人"，而将"经世之略"、"治世之才"甚至最为人称道的汉学造诣，"引得"的编纂工作放在其次。邓之诚在序中这样形容他对洪业的知遇之感："自谓不学，独洪子奖许之；自伤贫老，独洪子振恤之；衍尤丛集，独洪子宽假之，因与纳交，重其学，尤重其人"（1946年2月15日邓之诚日记）。洪业亦承认邓氏对他

青眼有加:"昔贤未轻许,时流更自郐。素厌留学生,顾我为例外。"(《哭邓之诚文如》)

每逢周五,早上五点多,邓之诚便身穿长袍,手携拐杖,自备包车到燕南园54号洪业的住所,虽然两家只隔五分钟路程,碍于读书人的身份,他也不屑走路过来(陈毓贤《洪业传》)。二人交往中的一段佳话,是沦陷时期在洪寓举行的藤花会。1941年5月4日邓之诚日记称:

> 午赴洪煨莲邀饮,看藤花,一年一度,今已六年矣。今日同座有陈公穆、鸟居(龙藏)、吴雷川、杨啸谷、陈曲江、张东荪、萧正谊、王钟翰及予。邀而未至者张孟劬,饭后照像,复谈至六时始散。

始于1936年,珍珠港事变后因燕大解体而中辍的藤花会,仅有六年的历史。据与会者王锺翰回忆,藤花会得名于洪宅南面园内的一大株藤萝,"每当初夏之际,藤花盛开,紫白相间,紫多于白,清香扑鼻,远远地在院外都可以闻到,分外引人入胜"(《藤花会逸事》,《王锺翰清史论集》第四册)。

主人洪业当然是藤花会的发起人,每次与会的人数不定,除了邓之诚每年必来捧场外,校内常邀的是翰林出身的前校长吴雷川,历史学部研究生兼任导师张尔田(字孟劬)及其在哲学系任教的弟弟张东荪,时任燕大特聘教授的日本考古学家鸟居龙藏。校外与会的有清末学者陈澧之嫡孙陈庆龢(字公穆),

燕南园54号洪业故宅，藤花会旧址

民初任袁世凯政府参谋本部次长、后出任四川将军的陈宧（字二庵），擅长诗词字画的四川名士杨歗谷、曾任段祺瑞执政府陆军部参谋的何孟祥、国民党政府地方杂牌军某师师长张仲壬等。王锺翰当时还是学生，之所以得陪末座，乃是因为卢沟桥事变后，北平四郊多垒，交通极其不便，每次都由他负责进城去接送校外的几位老先生。学生辈的除了王锺翰，还有螺江太傅陈宝琛的孙子陈絜，此人从不穿洋服，全身上下是绸缎，在校园内以人力车代步，却又是共产党员，"一二·九"学生运动的策士。从藤花会的人员构成，亦可窥见沦陷时期北平城不同时代的比肩并存。

藤花会名为赏花，以联络感情，然于诙谐闲谈之中，上下古今，品藻人物，并非只谈风月，不论国是。洪业最得意的是挂在他客厅里和坤所作的山水小横披，他看中的是画布而非画本身，因其熟悉中西交通史，故知画布乃当年英使马戛尔尼所贡之细密洋布。以"清遗儒"自居的张尔田晚年喜谈宗教，主张成立孔教会，在藤花会上却很少发言，只有当邓之诚批评《清史稿》体例杂乱无章时，才开口请他"刀下留情"（王锺翰《藤花会逸事》）。

沦陷时期蛰居京津的这批老辈，尤其是军政界出身的人物，不仅对蒋介石政府当权派与地方杂牌军首脑之间的关系洞若观火，于欧美朝野各党派之政见分歧、日本军部少壮派与稳健派政客间的摩擦、陆军与海军之倾轧，亦莫不了如指掌。老辈中多数人主张中国政府应严守中立，对日苏欧美采取开放政策，引进外资与先进技术为我所用，从而平衡列强在华之利益，以免沦为一国之殖民地。中国最理想的出路，是以旧道德为根本，加上美国之民主政治与苏联的新经济政策，三位一体，保证人人有自由，人人有饭吃。藤花会上空谈出来的这条中间道路，仍是清季张之洞提出的"中学为体、西学为用"之翻版（王锺翰《陈二庵先生杂忆》）。

四、不进城运动

以司徒雷登为首的校方极力营造出一种与世隔绝的氛围，以驱散战时笼罩在燕园上空的阴云。相对于城内的辅仁大学，位于西郊、在星条旗保护下的燕大，不仅要维持与远在重庆的抗日中国的关系，还不得不与身边的日伪周旋，处理好与沦陷北平的距离。

1930年代燕园与北平城之间靠一条石子路连接，宗璞《南渡记》这样描写沦陷前夕的沿途风光：出西直门经过路旁一些低矮的民房便是田野，青纱帐初起，远望绿色一片，西山在炽热的阳光下太过分明，几乎又消失在阳光中。除了马车、人力车、教授的小汽车，燕大师生主要靠校车往返于城郊间。据承包校车的车行负责人交待，1937年"七七"事变后的秋季学期，城郊校车平日只能卖出十数元，周末亦不过五六十元，较沦陷前损失了近60%的收入，不得不减少班次（《燕园麟爪》,《燕京新闻》1937年12月6日）。但进入第二年春季学期，乘坐校车往返于城郊的人数骤增，原定的时刻表不能满足师生的需求，于是有人建议恢复晚间9时自城返校的班车，因受制于城门开闭的时间而作罢。至1939年9月，燕大自备的三辆校车，虽每次能载一百五十人之多，已不敷应用，每逢周末便拥挤不堪，甚至出现Lady First的风气（《关于汽车》,《燕京新闻》1939年9月8日）。燕大人进出北平城，尽管有搭乘班车的便利，仍需随身携带总务处配备的教职员或学生证，以免在西直门遭遇军警盘查。

1938年11月燕大"学生生活辅导委员会"推行"周末不进城运动"，因城内各界人士反映同学进城不务正业，多为看电影而来（《燕京新闻》1938年11月18日）。此乃旧话重提，之前学生中间也曾一度发起过类似运动，不见成效。沦陷时期燕大进

燕京大学往返于城郊的校车

城人数逐年递增，从生源籍贯上找原因，以 1938 年的统计数据为例，各省中河北籍所占的比例超过三分之一，寓居平津两市的在四百人以上（《本年度同学籍贯统计》，《燕京新闻》1938 年 12 月 2 日），周末返城也在情理之中；若从风气上追究，燕大人对物质生活相对讲求，其一贯的作派不免为外间视作生活在皇宫式建筑内的少年小姐。

为抑制同学进城的热望，校方的对策是调查学生兴趣所在，尽量在周末增加课外活动，如京剧、读书会、有声电影、运动竞赛、野外旅行等，并建议师生雅集时间最好安排在周末。国文学系教授郭绍虞、王西征、容庚及研究院院长陆志韦便响应不进城运动的号召，周末在临湖轩举行灯谜大会，吸引学生留在燕园(《谜:晚七时在临湖轩》,《燕京新闻》1939年4月1日)。

倡导"无事不进城",意在养成一种校园风气,不可强求,与燕大推行的其他运动有别。"不进城"隐含的政治姿态,是尽量减少或切断与沦陷北平的联系,自我边缘化,不与现实政治发生交涉。这种对现实社会的消极抵抗,有助于强化燕大作为"孤岛"的印象。"不进城"既然是以"运动"的方式推行,则非单个人的态度、选择。作为一种特殊的生活方式,"不进城"曾是易代之际遗民惯用的行为模式,既然无法改变易代这一事实,只好以消极的否定来暗示自己的政治立场,用这种自我誓约表示与世俗生活的决裂,不承认新朝的正统性(王汎森《清初士人的悔罪心态与消极行为:不入城、不赴讲会、不结社》)。当"不进城"的口号被挪用到与士大夫传统相对隔膜的燕京大学,成为校方主导的、自上而下有组织的集体行为,不管实际效果如何,至少呈现出作为"孤岛"的教会大学与沦陷北平之间的紧张关系。

用燕大校长司徒雷登的说法,无论何时何地,大学教育应具备两种特性:其一,作为从事学术研究的"净地",应不受时局的侵扰,不受偏见与宣传的影响,可以自由进行教学工作,于知识的探求与应用外,别无目的;其二,大学应与其所在的社会、国家发生密切的关系,自视为外在环境中不容割弃的一部分,并从环境中汲取新的材料、动力,以应付国家的需要,包括危机时刻的特别需要。这两种特性并不冲突,因为大学在国族延续中的特殊功用,及对社会所能履行之义务,是以保持自身的绝对自由与清白为前提，但绝非以与世隔绝的方式，保持其自由与清白（*The Yenching University in Relation to the National Crisis*,《燕京新闻》1939 年 2 月 10 日）。燕大"因真理得自由以服务"的校训，在沦陷下可颠倒为"因自由得真理以服务"。

（原刊于《北京青年报·星期学术》2015 年 1 月 27 日，略有增订）

作为政治史迹的"庚戌桥"

1942年《古今》月刊第五期上登出一则《银锭桥话往图记》,图为齐白石、李雨林所绘,作者张江裁(字次溪)记述此事原委称:

> 旧京地安门外,凤多潭沼,荷芰菰蒲,不掩沧漪之色,银锭桥尤为第一绝胜处。桥东西皆水,在三座桥北,以形得名。南眺宫阙,北望梵刹,西山千万峰,远体毕现。宋牧仲诗所谓"不尽沧波连太液,依然晴翠送遥山"者是也。

沿着后海北岸往东走,到水面最窄、像个葫芦腰的地方,便是银锭桥。说是桥,一不留心就走过去了。桥头往左拐,是烟袋斜街;往右拐,便上桥。桥不高,几乎和两头的街面平行;只有丈把宽,不过两丈长(邓云乡《鲁迅与北京风土》)。银锭桥之"绝胜处",并非桥本身,而在这一特殊位置提供的视野。站在桥头上往西北眺望,后海的水面越来越宽,也愈发苍茫,在

銀錠橋話往圖記

張江裁

舊京地安門外。鳳多潭沼。荷芰菰蒲。不掩淪漪之色。銀錠橋尤為第一絕勝處。橋東西拤水。在三座橋北。以形得名。南眺宮闕。北望梵刹。西山千萬峯。遠體畢現。宋牧仲詩所謂「不盡滄波連太液，依然晴翠逗遙山」者是也。宣統初元。精衛先生與喻紀雲黃復生潛入京師。思於苫善根本之地。為震奮天下人心之計。庚戌二月二十三夜。躬懷槳彈。於橋西掘土預埋導火線。惕息竟夕。布置粗帖。天未脫亂。遽陷囹圄。於是東都黨鋼之英。西臺慟哭之彥。咸翕然和之。相與悲歌慷慨。噓嚱震盪。聞風慕義。千里一室。而銀錠橋之名亦因是薪粲人口焉。烏虖。可謂壯巳。夾破竹之勢。迎刃在所必解。而盜世之氣。先聲尤貫奪人。佘未二年。中原舉義。傳檄怖下。河山昭蘇。非上智何以洞幾。非神勇何以倡衆。厥功無競。來者難誣。其後共和旣建。先生來止上京。偶經是橋。俯瞰流波。澄碧如昨。感喟蠶之易逝。慨陳迹之弗留。臨風賦詩。咽示賓客。其辭吾不得記。偶經是橋。噫唏其事誠懇。厥功無競。來者難諶。今距庚戌才二十年。災難洊至。生民丘墟。先生不憚疑謗。與海內仁人志士共挽垂亡之局。其事彌苦。其心彌艱。足關蒙口。江裁兩世相親。於先生慮事功。聞之獨深。此先生昔日與人書中語也。勉踐斯言。其心彌苦。莫不投衡轉於社會。而目為之牛馬記之特備。（扯輯有汪先生年譜及庚戌蒙難實錄乙亥過險記復國言行錄等書。）記之特備。然則之心。有操手之歎。是以託於小知。未敢多護云爾。湘潭齊丈白石北平李丈雨林。雅擅丹青。爰乞繪銀錠橋話往圖。徧徵題詠。為北燕革命史留一故實。覽斯圖者。其亦頌壯猷珍襲迹也乎。中華民國三十一年五月東莞張江裁記於秣陵行館。

张江裁《银锭桥话往图记》，《古今》1942 年第 5 期天水极处，浮现着一痕西山的影子。刘侗《帝京景物略》云，"过银锭桥之观音庵，立地一望而大惊"，"西接西山，层层弯弯，晓青暮紫，近如可攀"。

然而银锭桥之有名，如掌故学家徐一士所云，"非徒尝以'银锭观山'厕八景"，"足为雅流怀旧之资而已"。[1] 其所以反复出现在清末民初直至1940年代的掌故文章中，非凭借波光山影，而是因为银锭桥作为"政治史迹"的重要性。

掌故学家津津乐道的"银锭桥案"，即指清宣统二年（1910）庚戌，汪精卫、黄复生、喻纪云等革命党人潜入北京，谋炸监国摄政王载沣而被破获一事。张江裁邀齐白石、李雨林绘"银锭桥话往图"，"遍征题咏，为北燕革命史留一故实"，正是为他重编《汪精卫先生庚戌蒙难实录》（1937年）及《别录》（1941年）作宣传。因此，要表彰作为"政治史迹"的银锭桥，须从庚戌炸弹案说起。

一、庚戌炸弹案起因

庚戌（1910年）前后，革命前景不容乐观，"丁未（1907年）党人败北于镇南关，戊申（1908年）河口之役又被挫"。在武装起义频频失败的阴影下，孙中山一系遭到同属同盟会的光

---

[1]《银锭桥案之史料》，《中和》月刊1942年第7期。

复会派，即章炳麟、陶成章等人之责难。汪精卫北上前，留书孙中山云：

> 此时团体溃裂已甚，维持之法，非口舌所以弥缝，非手段所以挽回，要在吾辈努力为事实之进行，则灰心者复归于热，怀疑者复归于信。（转引自冯自由《中华民国开国前革命史》第五十章）

所谓"事实之进行"，除靠海外募捐支持的各地武器起义外，最易耸人听闻者莫过于"直接激烈之暗杀行动"。汪精卫执意投身暗杀行动，虽自称"目的在于破敌，而非在于靖内变"（《留别中山书》），然同盟会内部之"溃裂"，党人间的互相猜忌，无疑是促其决意北上行刺的原因之一。

除了党内分歧，党外如康梁一派以《新民丛报》为阵地，讥讽汪精卫等为"远距离的革命家"，谓革命党首领"徒骗人于死，己则安享高楼华屋"。[1] 1905年以后革命党人面临的更大危机，则是全国上下兴起的预备立宪运动。据宣统元年三月十九日（1909年5月8日）汪精卫致胡汉民书，仅以广东而论，官界、绅界、商界、学界孜孜然"以选举咨议局绅为唯一之大典"，"彼伪立宪之剧团，日演于舞台以炫人之观听，而革命行动寂然无闻"，"令国人愈信立宪足以弭革命之风潮"。[2]

---

[1] 参见雷鸣《汪精卫先生传》第三章，南京：政治月刊社，1944年。
[2] 转引自张江裁《汪精卫先生庚戌蒙难实录》，《越风》1937年第3期。

值此内外交困之际，汪精卫以为革命党人之活动范围不能限于海外，革命之手段亦不能囿于论战、演说、募捐等"远距离"的运动模式。其主张海外运动与深入内地直接激烈之行动"相须而行，废一不可"，"纵有千百之革命党，运动于海外，而于内地全无声响，不见于直接激烈之行动，则人几忘中国之有革命党矣"（1909年5月8日汪精卫致胡汉民信）。

二、"以身为薪"之烈士情结

汪精卫临行前，啮指为血书致胡汉民曰："我今为薪，兄当为釜"。"薪"、"釜"之喻，出自汪氏《革命之决心》[1] 一文：

> 譬之炊米为饭，盛之以釜，热之以薪。薪之始燃，其光熊熊，转瞬之间，即成煨烬，然体质虽灭，而热力涨发，成饭之要素也。釜之为用，水不能蚀，火不能镕，水火交煎逼，曾不少变其质，以至于成饭，其煎熬之苦至矣，斯亦成饭之要素也。呜呼！革命党人，将以身为薪乎？抑以身为釜乎？亦各就其性之所近者，以各尽所能而已。

汪精卫以为，革命之决心，发端于孟子所谓的"恻隐之

---

[1] 《民报》第26期，1910年2月。

心"。扩充各自的"恻隐之心",则能破除富贵、贫贱、威武乃至好名之诱惑。因此"至激烈之手段,惟至和平之心事者能为之;至刚毅之节操,惟至宽裕之度量者能有之"。

在汪精卫看来,由仁心而生的勇气,乃经深思熟虑的"义理之勇",而非一时"血气之勇"。所谓"义理之勇"的两种表现,一曰"不畏死",二曰"不惮烦"。以身为釜,即不惮烦之勇,"德之贞者也";以身为薪,即不畏死之勇,"德之烈者也"。汪精卫以为革命之事,条理万端,人当各就其性之所近者,择其一而致力焉(1909年12月22日汪精卫《致南洋同志书》)。革命党人中,"以身为釜",有"恒德"之代表为孙中山;"以身为薪",有"烈德"之代表,为惠州起义时因谋炸两广总督而牺牲之史坚如(1909年12月27日汪精卫致胡汉民遗书)。

汪精卫投身暗杀行动,虽是着眼于革命效果之最大化;其论"革命之决心",却是纯粹的动机论——用心(即动机)是否纯粹决定道德之高下——深受王阳明"良知说"的影响。汪氏文中三次援引王阳明之言,如其答聂文蔚书曰:"有大不得已者存乎其间,而非以计人之信不信"。此语不仅可以用来解释清季汪精卫不顾孙中山、胡汉民之阻,执意北上行刺一事,亦可从他抗战时期的选择及自我解释中窥见动机论的影子。庚戌炸弹案败露后,汪精卫被捕入狱,其携带的衣物书籍清单中竟有阳明学三本,可佐证王学对他的影响。[1]《革命之决心》刊于1910年2月

---

[1] 管翼贤《汪精卫刺摄政王》三,《实报》1936年第3期。

汪精卫照，出自 Nippu Jiji（日布时事）
Photograph Archive, Gaijin Collection

《民报》第 26 期，署名"守约"，据称汪精卫"庚戌蒙难入狱时藏于衣襟中者"。故此文可视作汪氏事先预备之自供状。

"曾将薪釜喻初襟，举世凭谁证此心"，叶嘉莹为《双照楼诗词稿》（汪梦川注，香港：天地图书有限公司，2012 年）作序时称，汪精卫在诗词中所表现的，和在生活中所实践的，是他终生不得解脱的一种"精卫情结"。所谓"精卫情结"，如汪氏《被逮口占》所云："啣石成痴绝，沧波万里愁。孤飞终不倦，羞逐海鸥浮"，也就是《革命之决心》等自白书中反复提及的"以身为薪"之勇气。1944 年胡适得知汪精卫死讯后，在日记中感叹：

精卫一生吃亏在他以"烈士"出身，故终身不免有"烈士"的 complex（情结）。他总觉得，"我性命尚不顾，你们还不能相信我吗?"性命不顾是一件事;所主张的是与非,是另外一件事。

三、银锭桥还是甘水桥?

庚戌炸弹案的发生地,向多传为银锭桥。张江裁辑《汪精卫先生庚戌蒙难实录》亦采此说,故邀人绘"银锭桥话往图",欲纂《北京银锭桥史志》,意在表彰银锭桥作为"政治史迹"之重要性,借此宣传时任伪国府主席之汪精卫的革命英雄形象。

然而邹鲁《中国国民党史稿》"汪兆铭炸载沣"一章,则谓黄复生、喻云纪二人安置炸药的地点:

> 初觅得鼓楼大街,因值修筑马路,不果。改觅烟袋斜街,以无铺保,亦不果。乃定于甘水桥。此地在什刹海之旁,三面环海,仅一面有居民数家,甚僻静,与鼓楼大街、烟袋斜街,均为载沣早朝必经之道也。

甘水桥之说,乃根据庚戌炸弹案当事人黄复生的自述。[1] 汪、黄等人先后潜入北京,经营的暗杀机关为"守真照相馆"。照相馆于庚戌元旦开张,选址在宣武门外琉璃厂东口火神庙西夹道。

---

[1] 转引自冯自由《中华民国开国前革命史》第五十章。

当时摄政王上朝途经鼓楼大街，鼓楼前有短墙，黄复生等计划伺其通过时，将贮有炸药之大铁罐由短墙投下。这一方案因鼓楼大街改筑马路而未能实现。随后得知载沣上朝路线必取道烟袋斜街，又以租屋不得作罢。黄复生自称，经多方调查，最后择定什刹海旁之一小桥，名甘水桥，距摄政王府最近，为其出入必由之地。甘水桥北有阴沟一道，可于桥下埋放炸弹，人则藏于阴沟内，用电气雷管引爆炸弹。

庚戌炸弹案之导源地，究竟是银锭桥，还是甘水桥？张江裁曾当面询问汪精卫，然汪氏对此似乎并不在意，漫应曰，银锭桥而已。这并未打消张氏之疑虑，1943年3月2日他向老友刘振卿去信求助。刘氏平素究心北京风土，常在《实报》、《北平晨报》上发表掌故文章，考订清代遗闻轶事。张江裁信中称其虽久居北京，于北城地理不甚熟习，不知甘水桥在北城何处？与银锭桥相隔若干里？[1]

刘振卿回信说，甘水桥在鼓楼西大街，而银锭桥在后海东部，一溜胡同西口外，官房口东口外。破此疑案之关键是摄政王入朝路线，因扈从隆盛，为警戒方便起见，乃出府东行，自鼓楼西大街东口向南，直入地安门。绝不可能出府沿后海北岸至银锭桥东，自一溜胡同出至大街，因一溜胡同宽不足四尺。又不可能过银锭桥西南行，自什刹海经皇城根入地安门。

刘振卿据摄政王上朝路线及什刹海周边地形推断，银锭桥

---

[1] 张次溪与刘振卿的往来通信，均转引自《庚戌桥下案质疑》，上海《政治月刊》1943年第5、6期合刊。

未必与庚戌炸弹案有关。但令其不解的是，事实上北京人莫不知破案地点在银锭桥，晚清以降各家笔记、传说亦在银锭桥。另一种可能性是炸弹确实埋在银锭桥下，因当时汪精卫等人并未调查清楚摄政王上朝是否路经此桥。刘氏虽熟知京城风土及晚清掌故，但三十年来不曾撰文谈庚戌炸弹案，乃是觉得以"银锭桥"三字冠名此案不妥，因其离警戒路线太远。要探明此事，也很简单，刘振卿给张江裁支招说，只需请示当事人，当时之桥是大是小，是高是平？若大而平，便是甘水桥。若小而高，则为银锭桥。

四、以摄政王上朝路线为证

无奈汪精卫似乎对此记忆模糊，张江裁只能写信恳请刘振卿代询老北京人。对甘水桥之说，他的疑点是：一、甘水桥是否为摄政王入朝必经之路？二、有关甘水桥之历史。三、掩埋炸弹的地点，除银锭桥、甘水桥外，当日报纸上还有种说法是埋于内城鸦儿胡同小石桥下，此桥是否也在摄政王府左右？四、摄政王府究竟在银锭桥附近，还是在甘水桥旁？

对张氏上述疑点，刘振卿复信解释道：甘水桥为摄政王上下朝必经之路，此桥无历史可言，为后海行人小桥之一。据刘氏所述，甘水桥下之沟，为半明半暗。桥北端为暗沟，直通鼓楼西大街；桥南端为明沟，自此南行十几步，鸦儿胡同西口外有一无名小桥，俗称"甘水桥小桥"，桥下即为埋炸弹之所。摄政王府在甘水桥西，甘水桥在王府东墙外，小桥则在王府东南角。

在张江裁提议下，刘振卿撰文详述摄政王上下朝路线及警戒情形，刊于 1943 年 3 月 18 日《实报》"畅观"栏。据其考证，摄政王之白色双马四轮轿车，每日上下朝有一定的路线：出府门向东，自马圈栅门前，经小桥向北，过甘水桥至鼓楼西大街东行，经鼓楼前大街，向南直入地安门。下朝时，有时走捷径，进烟袋斜街，经鸦儿胡同，过甘水桥迤南之小桥回府。汪精卫谋炸摄政王，埋炸弹之处即在此无名小桥下。而银锭桥远在官房口及一溜河沿，与庚戌炸弹案无关。按刘氏考证，摄政王上下朝无论如何走法，均距银锭桥甚远。且就桥的外形来看，银锭桥窄而高，摄政王之双马四轮大轿车，怎能冒险走锣锅式之穹形桥？

刘振卿《甘水桥炸弹案》一文在《实报》上登出后，无人响应。其抱怨说，或许是因为新掌故家不屑为此陈谷烂芝麻费脑力，而当时之亲贵也无暇与穷酸文人打交道，故只有一个张次溪在南京瞎嚷，一个刘振卿在北京瞎喊而已。但张江裁以为"庚戌一案，实关民国奠基，事隔三十年，已传闻异词，即今不考，后将何据"。随即将其与刘振卿之来往书信编排汇印，题作"庚戌桥下案质疑"，刊发于汪伪江苏省教育厅主办的《政治月刊》上，后收入该氏所编之"中国史迹风土丛书"，改名为《北京庚戌桥史考》。

五、混入史迹中的政治尘埃

为何晚清以降，庚戌炸弹案一直被冠以"银锭桥"之名，连当事人汪精卫也索性将错就错，不愿出面澄清这一美丽的误解？据张江裁分析，还是"银锭观山"的美誉暗中成就了其作为"政治史迹"的传闻：

> 银锭桥所以被人误认庚戌一案导源地，虽缘近人笔记、父老传说，有银锭桥之语为修史者所据，但桥素负清幽盛誉，清季骚人墨客，相率结游其地，更藉诗咏以彰其美，名遂冠环十刹海诸桥之上。庚戌炸弹案后，诸家新闻记此役事，又大抵着眼事因与经过情形，固不遑考其发生之地果为何桥，致令银锭桥饱掠时誉，亦因其往迹殊景为人所向往而不疑之故。(《庚戌桥下案质疑》)

刘振卿作翻案文章，以摄政王上朝路线为证，指出银锭桥为什刹海后海之水流入前海之门户，然摄政王府在后海北沿，去此桥甚远，故"银锭桥案"应正名为"甘水桥案"。甘水桥之名不彰，因其无银锭桥有历史兼处地之佳。

刘振卿信中提议将汪精卫等人埋放炸弹之无名小桥，命名为"精卫桥"或"庚戌桥"、"双照桥"。张江裁于此处加案语称："已托周知堂先生代订并撰文镌石，以垂永久。"周知堂即为《汪精卫先生庚戌蒙难实录》题字作序之周作人。然当《庚戌桥下案质疑》一文更名为《北京庚戌桥史考》，收入"中国史迹风土丛书"时，张氏案语易为："此无名小桥，改名曰庚戌桥。已请闽县李释堪先生撰文镌石，以垂永久。"张江裁邀李释堪所撰之文，即1943年发表于《古今》上的《庚戌桥记》；又名《北京庚戌桥记》，同时刊载于汪精卫支持的词学杂志《同声》月刊上。

1943年4月4日张江裁上书伪北京市政府，请将甘水桥小石桥易名为"庚戌桥"。呈文曰：

> 监察院简任秘书张江裁呈为标定地名以存史迹而重名贤事。案北京地安门外清摄政王府附近小桥，名甘水桥小石桥者，实为今国府主席汪公精卫于宣统庚戌发难举义谋炸权要以告国人惊天破地之处。吾中国历史地理上，所当揭橥珍重之一大端也。豫让刺赵襄子伏于桥下，施全刺秦会之亦伏于桥下，彼二子往迹，皆以桥下著名。况此甘水一桥，有系于我民族史迹之重，迥非前二者之侔乎。今甘水桥小石桥应定名为庚戌桥，标定地名，以存史迹，使百世之下，闻风者得以兴起，实为公便。

张江裁试图借政府之力，将掌故学家的翻案文章铭刻为"政治史迹"以垂永久。由此呈文可见其考订庚戌桥案背后的政治企图。

从"银锭桥话往图记"到"庚戌桥史考"，张江裁与刘振卿

汪精卫照，摄于 1939 年，出自 Nippu Jiji（日布时事）
Photograph Archive, Gaijin Collection

合作之翻案文章，与其说是出于掌故学者的历史考据癖，不如说是为了迎合 1940 年代沦陷区的政治局势及他个人的出处选择，刻意凸显汪精卫作为革命志士、开国功臣的英雄形象，为汪伪政权寻求"中国民国开国前革命史"上的凭据。作为革命史迹的"庚戌桥"，说明掌故学家打捞的历史风土中难免混入政治的尘埃。

补记： 1930 年 8 月 11 日天津《大公报》刊有一则新闻，题为《廿年陈迹 汪黄赴德胜门 视察谋炸载沣之旧地》，云："平讯：汪精卫、黄复生偕同全体中委，前日赴德胜门内甘水桥下，视察十九年以前汪黄两氏谋炸载沣事件之陈迹。各中委对于汪、黄前此之伟大革命工作推为革命实行者之先导，表示钦仰。汪、黄以所谋未成,引为遗憾。"据此可确认清末汪精卫诸人谋炸摄政王之地,在甘水桥而非银锭桥。此条材料承杨治宜教授提示,特此致谢。

(原刊于《北京青年报·星期学术》2015年3月17日,略有增订)

傅增湘与"蓬山话旧"

1941年新民印书馆出版的《北京案内记》,是针对抗战时期大量流入北京的日本"在留民"而设计的生活指南,包括北京一年中的节令风俗,听戏的去处,杂耍、大鼓书、莲花落、拉大片儿等天桥技艺,汇集骨董字画的琉璃厂,如何泡澡堂、下饭馆、使唤人力车,逛东安、西单,出入八大胡同,领略街头的叫卖及不太精致的点心果子,与中国人打交道的方式,总之事无巨细,涵盖了市民生活的方方面面。

《北京案内记》关于北京"学艺界"的绍介,由当时主持"东方文化事业总会"的桥川时雄执笔。桥川时雄久居燕京,自1920年代起,就借续修四库全书的因缘,与北京文化界的新旧人物交往颇深。[1] 在桥川时雄眼里,沦陷时期的北京学艺界,以周作人为中心的新文化人反而处于相对边缘的位置,与他过从更密的是前清"遗儒"及寄居于燕京、辅仁等教会大学或被排

---

1 参见今村与志雄编《橋川時雄の詩文と追憶》,東京:汲古書院,2006年;高田時雄編《橋川時雄 民國期學術界》,京都:臨川書店,2016年。

挤到私立学校的老辈学者。所以《案内记》对北京"学艺界"的这篇介绍，从翰林出身的傅增湘召集的"蓬山话旧"讲起。

傅增湘发起的"蓬山话旧"，集合了沦陷时期留滞旧京的词林同人，换言之，即老翰林之恳亲会。翰林乃昔时最清贵之功名，翰林院之别称曰玉堂，又曰芸署，又曰翰苑，又曰词林，又曰瀛州，又曰蓬山，总之清而且贵。清贵的背景即是清寒，翰林之贵，为万流所美羡，翰林之穷，又为官场所最不敢当也。[1] 蓬山话旧"用纪桑海以后翰苑旧僚宴集之举也"[2]，参加者都是前清同治光绪年间进士及第，并曾任职于翰林院，即所谓的"同馆"。

沦陷下尚能维系此风雅之一脉，端赖主持者傅增湘之私家园林，位于北京石老娘胡同的藏园（今西四北五条七号院）。1960年代初，与会者陈云诰回忆道，"曩日蓬山之会，赓续十馀载，皆在藏园举行，每集至者恒数十人，文讌极一时之盛"。（《藏园老人遗稿序》）据《藏园居士七十自述》（1941年），傅氏"城西买宅，小有园林，夙好交游，常招雅集"，然"其间以文醼过从而成为春明掌故者，惟蓬山话旧之会，有东京梦华之思焉"。

发起"蓬山话旧"的动因，是分类增修《词林典故》。乾隆敕撰、嘉庆续修的《皇朝词林典故》，分作"圣谕""天章""临幸盛典""官制""职掌""恩遇""艺文""仪式""廨署""题名"十门，梳理翰林院的制度沿革。傅增湘虽是雅集的组织者，最初

---

1 凌霄汉阁主《蓬山话旧—话旧蓬山》，《新中国》第2卷第18期，1939年11月。
2 傅增湘《蓬山话旧图序》，1938年作，收入《藏园老人遗稿》油印本，1962年。

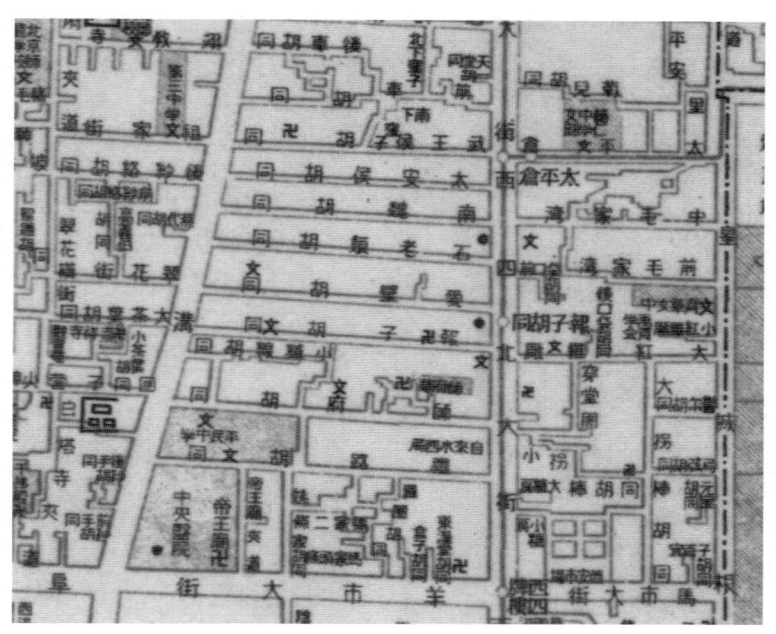

傅增湘藏园位于北京石老娘胡同，今西四北五条七号院

提议的却是辈分最高的"螺江太傅"陈宝琛。同光年间以直谏闻名的陈宝琛，在"蓬山话旧"中扮演词林领袖的角色。按傅增湘为其文集作的序言，二人自国变后，同居京师，始有往来。1929年同馆前后辈相约为"蓬山话旧"之集，当时陈太傅已八十二岁的高龄，"以钜人长德领袖群彦"（《沧趣楼文存序》）。

"蓬山话旧集"始于辛未七月既望，即1931年农历七月十六日。与之相参照的两个时间点，一是遗民眼里的辛亥国变，二是戊辰即1928年国民政府南迁，"北京"改名为"北平"。故傅增湘《蓬山话旧图序》称，"岁在辛未，国步迁改，瞬及廿年。燕都易名，已逾三载"。以二十年为一瞬，足见遗民近乎停滞的时间感受。[1]

第一集与会者共四十二人，恰好符合兰亭修禊之数，说明"蓬山话旧"有意接续文人雅集的传统。从当时拍摄的照片可知，诸人的座次排序不是按年齿长幼，而遵循登科之先后。[2] 位居前排正中的陈宝琛，是同治七年戊辰科进士，"以十五科以上之前辈"，被尊为词林领袖。戊辰（1868）以下五科无人与会，自光绪九年癸未（1883）至光绪三十年甲辰（1904），同馆之人蝉联不断，"咸循科第年辈甲榜次序"题名于册。以科名而非年齿排序，其象征意义或许在于作为晋身之阶的科举制被废除以后，这一制度所划分的社会层级、造就的尊卑关系也随之土崩瓦解，曾位于制度最顶端的翰林学士惟有借助雅集的形式，关起门来回温昔日的荣光。此次会饮中，年辈最长的陈宝琛即席赋诗，感慨"禾黍旧京墟欲尽，云萍人海聚原难"（《傅沅叔招集同馆四十二人会饮藏园即席赋呈》，《沧趣楼诗文集》），次韵附和者二十馀人，均收入辛未年之《蓬山话旧集》中。[3]

蓬山宴集所话之旧，除了听同馆前辈讲述同光间的朝野佚事，作为长于校勘的藏书家，傅增湘主持的宴饮不仅是诗词唱和，往往以珍本秘籍的赏析、品题为压轴戏。以1933年癸酉八

1　参见稻畑耕一郎《傅增湘与蓬山话旧—追忆似水年华》，《版本目录学研究》第二辑，国家图书馆出版社，2010年。
2　参见牟润孙《题"蓬山话旧图"》，据朱汝珍《词林辑略》对与会者登科年份的考释，收入《海遗丛稿二编》，北京：中华书局，2009年。
3　笔者所见为国家图书馆文津馆西谛藏书。

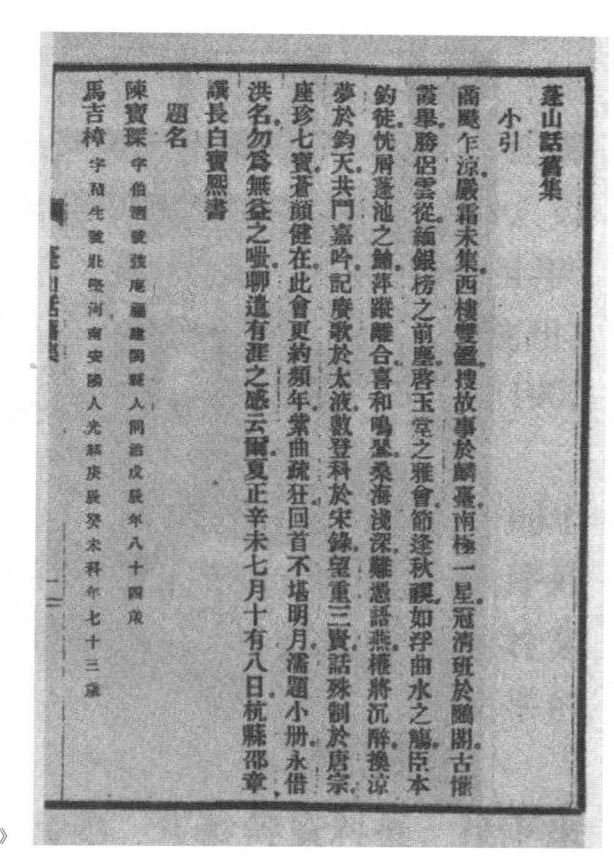

《蓬山话旧集》

月"蓬山话旧"第二集为例，藏园主人于席间出示其新近收入箧笥的明内府写本《翰林群书》，乞诸公题名卷端，"披宛委之奇书，忆蓬瀛之仙境"。[1] 前辈同年夏孙桐为该书题诗，梳理了宋

---

1 傅增湘《明内府写本翰林群书跋》，《藏园群书题记》，《国闻周报》第 11 卷第 2 期。

以后有关"词林典故"的官私纂述,将"蓬山话旧"比作宋元之际遗民谢翱主持之汐社,艳羡傅氏坐拥书城,有宜于大隐之藏园,能埋首陈编断简中,摭拾千载之坠绪,回首春明馀梦。

1937年卢沟桥事变爆发,都人奔迸不暇,遑顾风雅,"蓬山话旧"集遂暂时中辍。待战事少息,北平局势大致安定下来,戊寅三月之望,即1938年三月十五日,傅增湘仍循前例,置酒藏园,邀约留滞旧京之数十辈词垣同僚,重兴"蓬山话旧"之举。此次与会者不及辛未首集之半数,科目以光绪十五年己丑进士杨锺羲为冠,年齿以夏孙桐为尊。自辛未迄戊寅,八年间同社诸老如陈宝琛、柯劭忞相继去世者已二十三人。值干戈傲扰之秋,加以耆宿凋零,能重兴此举,可谓事变中难得的盛会。傅增湘辑往年所摄之"蓬山话旧图"为一卷,交待此集之缘起梗概,喟叹:

> 嗟夫,金瓯既破,棋局频更,凡衣冠文物之伦,经历劫穷尘之痛,莫不弢光铲迹,人海沈冥。数贞元之朝士,存者无多;慕汐社之遗民,流风可挹。辙鱼煦沫,穷鸟栖林,亦用以聊相藉慰而已。何意牢落频年,半为异物,叹逝者之不作,知来日之大难。回念前游,顿成陈迹,感旧衔哀,情难自已。

沦陷期间可供考索的几次雅集,如1940年庚辰宗室溥心畬绘"蓬山话旧"图,钤有"旧王孙"之印,题识描画万壑千峰

藏园曾集词苑间人为蓬山话旧之会已十年矣曾令萧女士重华写一图仙山楼阁渺然动玉堂天上之想曰题句云顼楼玉宇割高寒镇日群仙自往还听严钧天庆梦醒溟涬桑海话蓬山今观此幅景象宛在目前

沅叔傅增湘

万亿千峰插不开北风吹铁玉楼寒黄梅言讫无争处却渡荆郎至

黄束 庚辰六月 心畬

1940 年溥心畬绘"蓬山话旧"图，见于嘉德 2009 年春季拍卖图录

藏園居士七十自述

昔者辛未之歲以年屆周甲曾擬述行實用告親知歲月不居暱經十稔而余年又已七十矣此十年中人事既多變遷國家頻經禍患巍然一身久涉艱虞懷抱幽憂非復昔時壯往之概然躬之所歷心之所懷積有歲時藉為抒寫聊申短記以續前編

夫人之生也自少而壯由壯而老情隨境易感與年增此天道之自然有生所同率及其老也

傅增湘《藏園居士七十自述》，1941年

辛巳四月二十四日藏園蓬山話舊第八集

吳　典　　年八十一歲
夏孫桐　　年八十五歲
俞陛雲　　年七十四歲
文　斌　　年六十九歲
李端棨　　年七十三歲
吳震春　　年七十二歲
傅增湘　　年七十歲

1941年"蓬山話旧"第八集

中的蓬莱仙境，化用李商隐《无题》诗中"刘郎已恨蓬山远，更隔蓬山一万重"之意。[1] 傅增湘于诗堂题字，称藏园集词苑同人为蓬山话旧之会已十年，曾令画家蒋兆和的夫人萧重华写"蓬山话旧图"，"仙山楼阁，渺然动玉堂天上之想"，遂赋诗云："琼楼玉宇剧高寒，镇日群仙自往还。听罢钧天尘梦醒，漫从桑海话蓬山。"

1941年辛巳四月二十四日"蓬山话旧"第八集，正值藏园古稀大寿，此次与会者比沦陷初的"十八学士"又减六人。[2] 1942年壬午上巳后三日举办的第九集，也仅有十二人，据胡嗣瑗的题记，以南宋蜀刻本《南华真经》的披露、传观为主旨。1944年傅增湘中风后，"蓬山话旧"依旧应期举行，一直持续到抗战胜利后，1946年春已是第十二集。

（原刊《北京青年报·星期学术》2016年1月12日，略有补充修订）

1　此画收入中国嘉德2009年春季拍卖图录《中国近现代书画（一）》。
2　参见北京德宝2011年春季拍卖会，拍品为经折装，记录1940到1944年间参加藏园蓬山话旧之人员名单。

瞿兑之与掌故学

一、碎片化的史学

　　以北京为对象的历史书写，长期以来面临的困难在于如何处理地方兼中央的双重身份，将地方的历史从以帝王将相为主角的王朝史中剥离出来。借用和辻哲郎的说法，北京不仅背负着普遍的过去，还有一种"风土的历史"有待发现。

　　掌故可以说是最具有北京这个地方的风土性的史学形态。对掌故学家特别是治近代掌故者而言，北京始终是最便利的所在，不但能埋首于故纸堆中披沙拣金，还可以真切地触摸到那段活的历史。按纪果庵《两都赋》（《古今》1942 年第 5 期）的说法，晚清掌故的痴迷者在北京可以找到胜朝的太傅太保，可以和白头宫女攀谈开元旧事，可以拜会大阿哥，可以听七十岁左右的老人讲红灯照，可以到故宫珍妃井畔凭吊，可以窥探当年帝王起居的养心殿，甚至京城的每一条胡同都有自己的掌故。扫街夫也许是二等戈什哈，拉车的会有辅国公的后裔，开府一方的宗室弱息居然沦为戏子，下台军阀的姨太太在与汽车夫安闲度日。总之，唯有在北京，掌故学才是活的学问，活的历史，而不是一地散碎的文辞。

一九四〇年代掌故学的勃兴，很大程度上有赖于瞿兑之的活动能力。他拉拢滞留在北平的徐一士、谢刚主等人，发起"国学补修社"，并借助南北文坛的合力，以《中和》月刊为阵地，打出"掌故学"的旗号。

瞿兑之在沦陷时期的活动能力，得益于他的家世背景与政治履历。据1940年出版的《中国文化界人物总鉴》：

> 瞿兑之（1892— ）名宣颖，别名益锴，以字兑之行。湖南长沙人。瞿鸿禨之孙【子】。上海复旦大学文学士，毕业后历任国务院秘书、国史编纂处处长、印铸局局长、河北省政府秘书长、内政部秘书等职，并在天津南开大学、北平师范大学、燕京大学及辅仁大学等各校任教。现任行政委员会秘书长、古学院常务理事。近年来专注用力于方志及北京史。

瞿鸿禨乃清末军机重臣，辛亥革命后迁居上海，以遗老自居。瞿兑之虽是遗民之子，但从他在北洋政府的任职经历看，并不属于所谓"小一代遗民"。瞿兑之在仕途上的一帆风顺，大学毕业后就能进入国务院，多少要倚靠其父在遗民圈中的政治声望与人脉资源。

瞿宣颖先生字兑之湖南长沙人一九一九年本校文学士毕业后任本校中学部文学及校西洋史教员嗣任北京外交部交通部现任北京国务院秘书厅秘书

瞿兑之像及简历

瞿兑之在四十年代华北政坛上的一段活跃期，是在伪"临时政府"改组为名义上由汪伪政权统辖的"华北政务委员会"以后。1940年6月王克敏下台，"华北政委会"委员长一职由王揖唐接任，瞿兑之以"益锴"这一别名，随后就任秘书厅长，负责文案、事务各处，但任期未满一年即被免职。这番人事更迭的内幕，据说是王揖唐上台后，把原秘书厅长祝书元聘为顾问，派瞿兑之以原文案处长暂时代理秘书厅长，以待他的亲信夏肃初来京继任。不久夏肃初北上，王揖唐便把瞿益锴踢开，改派夏接任秘书厅长（参见张炳如《华北敌伪政权的建立和解体》，《文史资料选辑》第39辑）。也就是说，瞿兑之不过是华北伪政权内部权力交替过程中，作为过渡的一枚棋子。

二、《中和》月刊与"国学补修社"

瞿兑之在北方鼓吹"掌故学"的主要阵地是他主持的《中和》月刊。该杂志社创立于1939年12月，瞿兑之任总编辑。值得注意的是，《中和》月刊的经费来源，其资本数目有三万元，一个月的经费需五千元，由新民印书馆支付（参见《北京文化学术机构综览》）。而新民印书馆是日伪背景的出版机构，由经费来源可知《中和》月刊能在沦陷北平维持四年之久，直至抗战胜利前夕方才停刊绝不简单。《中和》发刊词宣称以"研究学术、灌输知识、发扬东方文化、树立民众信念"为宗旨，前两条符合它作为学术刊物的自我定位，"东方文化"云云则带有日伪的官方色彩。

《中和》月刊的发刊词，应出自瞿兑之之手，称"世上一切问题，不能逃历史的因果"，从这个线索来求得一个解决的法门。就具体内容而言，《中和》月刊偏重于史料的发掘、介绍，并未掺杂过多的政治宣传，算是沦陷区内相对低调、平实的学术刊物。编者自称"不敢随便有什么主张，只是平心静气，将各种可研究的资料，作学术上实事求是的研究，以供观览采择

《中和》月刊第一卷第一期，1940年1月

而已"。这种"鉴空衡平"的态度，得到北方文坛、学界的一致认可。

四十年代掌故学的兴起，不单靠瞿兑之在政界的活动能力及手中掌握的出版资源，还需要志同道合者的支持。在《中和》月刊上为他常川写稿的有徐一士、谢刚主、孙海波等人，据说徐一士还曾担任杂志的编辑工作。滞留在北平的这群掌故学家是如何聚集起来的呢？谢刚主为《一士类稿》作序时回忆，其与徐一士过从渐密是在事变后那一年，他刚从香港回到北平，家居无聊，就常和瞿兑之、徐一士、柯燕舲、孙念希、刘盼遂、孙海波等人聚餐谈天。大家谈话的内容，上下古今，没有一定范围，不过是在寂寞之中，相濡以沫。不久瞿兑之发起"国学补修社"，招集诸人一同讲学（谢刚主《老友徐一士》，《古今》1944年第57期）。

瞿兑之创办的"国学补修社"是一个私人组织，以利用业余或课余时间研究国学为目的，类似私塾的性质。除瞿氏自任社长外，另有导师数人，轮流讲习。徐一士、瞿兑之讲历史掌故，孙念希讲古文诗词，孙海波等讲金石。"国学补修社"开办之初，设在东城黄米胡同瞿兑之家中，后改在西城宏庙胡同的孙念希宅。据听讲者回忆，"补修社"本是一个研究性质的小团体，导师们一面彼此切磋，一面诱掖后进，听讲者多半是大中学生或职业青年，所以采取谈话的方式，不像教师在讲台上授课那样死板，也不像朋友间聊天那样随意。每星期聚会一次或两次，先生和学生爱到不到，并不强迫（心民《徐一士先生印象记》，《古今》1943年第31期）。

瞿兑之将他在"国学补修社"上讲授的内容，整理成札记，连载在《中和》月刊上，冠名为《修斋记学》（国学补修社，1943年，国家图书馆藏铅印本）。由这份讲义可知补修社传授的"国学"，并非系统的文史知识，而是"碎片化"的读书经验。其中有一条论及"开讲不如坐谈"：

公众讲学只可一人阐发，每苦学者有听受而无问难。即资质颖异之人，所得亦终有限。若咫尺之间，从容坐论，纵使学者并不发言，教者亦可于容色之间窥见其所领会者为何，所不注意者为何，所不能解者为何。随方引喻，务期相悦以解而后已。(《中和》1942年第8期)

故瞿氏主张"师非亲不可也"，从这条札记可以看出"国学补修社"的授课形式及背后的办学理念。"补修社"的顶梁柱当属瞿兑之和徐一士。听讲者对这两位先生的印象稍有不同："瞿先生是亲切里面带有严肃，一开口便令你不自觉的聚精会神的去领略；而徐先生则是亲切里面含有慈爱的意味，使你在不能不聚精会神之外还感觉到像家人父子促膝谈心时的情趣。"(心民《徐一士先生印象记》)补修社采取私寓坐谈的形式，确实有"博习亲师"之效。

三、掌故学者的身世与素养

掌故学的面貌，很大程度上取决于掌故学者的身世与素养。作为四十年代鼓吹掌故学的核心人物，瞿兑之的家世背景与知识结构或许更能反映出掌故何以成学的历史渊源及内在限度。瞿兑之出身于清末所谓"书香世家"，据刘禺生《世载堂杂忆》所言：

当时中国社会，读书风气各别，非如今之学校，无论贫富雅俗，小学课本，教法一致也。曰书香世家，曰崛起，曰俗学，童蒙教法不同，成人所学亦异。所同者，欲取科名，习八股试帖，同一程式耳。世家所教，儿童入学，识字由《说文》入手，长而读书为文，不拘泥于八股试帖，所习者多经史百家之学，童而习之，长而博通，所谓不在高头讲章中求生活。崛起则学无渊源，俗学则钻研时艺。春秋所以重世家，六朝所以重门第，唐宋以来，重家学、家训，不仅教其读书，实教其为人，此洒扫应对进退之外，而教以六艺之遗意也。

只有不必在高头讲章中讨生活的世家子弟，才能免受八股试帖荼毒，自幼游走于经史百家之间，甚至有余裕讲"闲书"。

瞿兑之追述他早年读书治学的经历，虽从就读于书塾及京师译学馆谈起，但仍是以家学为主。经其父瞿鸿禨的指点，瞿兑之从顾炎武《日知录》入手，"自是始知有所谓经学、史学与夫经世致用之业"。他早年涉猎的领域，从文字音训之学，到书法、器铭、舆地、清儒家法、医书、古琴、算学、画谱、诗文，但皆浅尝辄止，"病在太杂不专耳"。瞿氏自我检讨说："年少未窥述作体制，徒具优孟衣冠"（《补书堂志》，《补书堂文录》1961年油印本），或许是自谦之词，然而从某种意义上说，治掌故学者多半是"未窥述作体制"的杂家。

辛亥以后，瞿氏一家流寓上海，瞿兑之出入于遗民圈中，可以说是他人生的一大转折点。流寓上海时期，瞿兑之"捐弃故技，入学校颛治英文、算学"，他在西学方面虽然造诣不深，但至少粗通外文，自称"希腊拉丁泊近世俄德法意文皆略知其结构"（《补书堂志》）。单就语言能力，瞿兑之便足以与一般抱残守缺的遗老遗少区分开来，他的知识结构及学术视野已不限于传统的经史百家之学。其将掌故学定位为有系统的专门之学，即可看出西学的影响。

瞿兑之计划完成的四种著作：一是梳理古今社会风俗的变迁；二是鉴别时代的方法，以"艺事"为中介，"器物形制"、"语言思致"为表里；三是打破文史的界限，编一部"新文选"；四是以"道光学术"为题，因在他看来，"古近学术变迁，道光一朝实其关键"（《道光学术》，《中和》1941年第1期）。由这四项著述构想，可以见出他的学术眼光、学术抱负所在。瞿氏自称四十岁以后，专志于史。除了个人的读书趣味，瞿兑之治掌故学的极大便利在于他的家世及人脉："幼随京邸，稍习旧章，长交殚洽方闻之彦，好览近时野乘杂史，亦能举佚闻以与故老相印证。"（《补书堂志》）掌故对他而言，不只是高文典册上的死板知识，更是可以与自家身世相印证的、活的历史。

瞿兑之对掌故学的建构，散见于他自家著作的序例中。如1944年冬为《人物风俗制度丛谈》（上海：太平书局，1945年）作序时，称杂家最有益之学"莫如讨人物事迹之坠逸，溯风俗制度之变迁"，若能将近代掌故萃为一编，"大则可以考见时代升降文化递嬗之迹，小亦足以匡谬正俗，裨益见闻"。书名中的三个关键词"人物"、"制度"、"风俗"，再加上"近代"这一时段限定，便基本上足以涵盖瞿兑之对掌故学的定义。

掌故学的旨趣不止存录客观的历史知识，亦非单纯为了怀旧，要有其时代面目在。瞿兑之在《与徐君一士论掌故学》(《补书堂文录》)中，点明寄托于掌故中的故国之思，或者说掌故学家的伦理承担："吾党治史者，岂徒多识前言往行，流连于既往，固将抒宗国之感而令后人知其言之非苟也，掌故云乎哉。"

（原刊《中国文学学报》2013年第4期，题为《历史的风土：瞿兑之与一九四〇年代掌故学的勃兴》，此为删节版）

第三辑

弥散性思想：一种模糊史学
—— 读王汎森《思想是生活的一种方式》

柯林武德（R.G. Collingwood）以为历史学家与普通读者的区别，就如同训练有素的猎人与对森林一无所知的游客。"这里有树木和草丛"，旅行者这么想，然后放心大胆地往前走。"看啦，"猎人说，"草丛中有一只虎。"史学能带给政治生活和道德生活的就是一双训练有素的眼睛，让我们能看清周遭的生活，并提前洞悉其中潜伏的危险。

王汎森似乎习惯用史家的眼光打量日常生活，能从街边小店葡式蛋挞的风行讲到思想史的研究方法。学术自学术，生活自生活，是当今多数学者的生存状态。专业化的学术思考、学术表达，与个人的日常生活基本上是两码事。将学术与生活打成一片，并不是说用学术压榨生活的剩余价值，而是在生活中发现、玩味学术问题。

一直在思考为什么王汎森的文字如此令我着迷，偶然翻到陈丹青《纽约琐记》中论委拉斯贵支的一段话：他之所以是画家中的画家，或许由于他的画无不呈现他"正在"画画：正在轻轻扫动颜面和发际的微妙边缘，正在准确地，又逸笔草草地再次描写华服的丝绒镶边或锦缎的闪光，正在将关系丰富的暗部再画得稀薄、次要一点。当观者的目光随着画面上的"正在"看来看去，观者也幻化为"正在"作画的画家……他画出了他的"凝视"。王汎森的文章，同样呈现出"正在"思考的、工作中的状态，不是一个封闭的成品。读者看到的不仅是对象，更是史家的眼光及思考的轨迹。

"降一格"的思想史

扩大思想史的"频宽"，是王汎森《思想是生活的一种方式》一书最主要的方法论导向。日本政治思想史家丸山真男将思想史大致划分为四个层次：处于金字塔顶端的是高度抽象化、体系性的理论、学说、教义，其次是总括性的世界观，第三层是对具体问题的意见、态度，底部则是生活实感，类似于雷蒙·威廉斯所说的情感结构（structure of feeling）。在这个金字塔中，层级越高，思想的体系性、抽象度越高；层级越低，与生活史的叠合度越高（丸山真男《关于思想史的思考方法——类型、范围、对象》）。王汎森标举"思想是生活的一种方式"，对应于丸山真男划分的思想史的第四层次，凸显出生活实感在思想史中的位置。

思想史各层次之间的相互关系，在丸山真男看来，处于金字塔上层的思想体系，引领一时代的社会思潮，赋予其目标和方向性。因此具有目的性、方向性的思想，一般从高层向低层扩散。没有理论、学说、教义或世界观指引的生活感受是盲目的，相反，没有生活感受支撑的理论、学说、教义是空洞的。概言之，丸山真男认为思想史中，目的、方向的设定是自上而下的，而驱动力的产生是自下而上的。无论是自上而下，还是自下而上，丸山对思想史内部力学结构的理解，基本上是垂直方向的。以丸山真男为参照系，王汎森"察势观风"的史观，在某种程度上打破了思想史的金字塔结构，他更看重各层次之间"交互依存"（interdependence）的关系，常用"交织"、"交光互影"等词来形容不同层次间的互缘性。

注意力所及之处才有活泼泼的历史，王汎森提醒研究者，注意力不能总停留在思想史的最上层，而应目光向下，追踪"降一格"的思想形态。丸山真男指出思想的评价标准不是唯一的，包括思想的深度（解答问题的透彻程度）、密度（逻辑是否周延）、幅度（覆盖面）、多产性（有无生长点）、流通范围（社会影响）。所谓"降一格"的思想史，更侧重于思想的幅度、多产性、流通范围，而非思想的深度与周延性。

所谓"降一格"的思想史，不妨从空间地域、社会阶层、文本属性三方面来界定。思想扩散的过程，通常是从中心到边缘、从中央到地方、从书斋到街头。就社会阶层而言，"降一格"的思想史更关注草根阶层，或中央与地方之间的链接性人物，而非活跃于全国性舞台的知识精英。若论文本属性，"降一格"的思想史更依赖经典的周边文本而非经典自身。被精英阶层奉为经典的思想观念，为适应时代、地域、阶层的需要，经由通俗化、具象化的改编，化身为各式各样的杂书，如选本、辑本、集锦、示例本、眉批本等。傅斯年认为杂书比经典更有势力，如《贞观政要》作为帝王教科书，远比《书经》有用；《太上感应篇》作为乡绅教科书，远比《礼记》有用；《近思录》作为道学教科书，远比《论语》好懂；以《春秋》教忠，不如《正气歌》提气；以《大学》齐家，不如《治家格言》有效（《论学校读经》）。"降一格"的思想史，最终落脚在"降一格"的文本上。

"降一格"的观察视角极大地扩宽了思想史的疆域，但需警惕追随者从翘翘板的一端滑向另一端，从小地方、小人物、小册子中发现无数可做的新题目，把一种灵活的观察视野降格为可复制的研究套路。因此"降一格"的思想史，不能完全降格求之，仍需更高一层的关照，以及对中心地带、思想大家、经典文本的深入把握。

"伟大的捕风"

所谓"降一格"的思想史，意在捕捉思想在社会生活中的弥散形态。中国历史上是否存在西方意义上的宗教？杨庆堃《中国社会中的宗教》一书为回答这一质疑，区分了两种宗教形态，一曰"制度性宗教"（institutional religion），指独立于世俗社会的一套宗教信仰体系，有自己的神学、仪式和组织结构；二曰"弥散性宗教"（diffused religion），这是杨氏自创的概念，泛指人们在日常生活中面对和处理神圣事物的一个面向。渗透在世俗生活中的弥散性宗教，附着于社会肌理上，缺少严密的组织结构。

中国是否有"宗教"？类似的质疑在哲学史领域同样存在，中国历史上何尝出现过苏格拉底、柏拉图、康德、黑格尔那样的哲学家？脱胎于哲学史的思想史移植到中国，就面临着中国缺乏体系性思想的尴尬。傅斯年在1926年写给胡适的一封长信中，宣称中国人没有"哲学"，唯有"方术"而已。套用西方哲学史的架构，剪裁中国的固有思想，方枘圆凿，岂能相容？（王汎森《从哲学史到思想史——胡适的英文〈中国思想史大纲〉草稿》）。

所谓"降一格"的思想史，在思想史"去哲学化"的延长线上又更进一步，去追索思想在社会生活中的弥散状态。"弥散性思想"相对于"体系性思想"，具有流动性、含混性、不确定性，像雾、像霾、又像风。这也暗合王汎森借刘咸炘《推十书》阐发的"察势观风"之说。刘咸炘这位清末民初的边缘史家，足迹不出成都一隅，可算作"降一格"的思想史对象。他认为治史最重要的任务，不是搜讨、排比史料，也不是道义褒贬，而是观察风势的起伏。

刘咸炘的观风术受龚自珍启发，《定庵文集·释风》篇称"古之世倏而为今之世，今人之世倏而为后之世，旋转簸荡而不已,万状而无状,万形而无形",即历史中"风"之本义。史家的任务之一就是捕捉"万状而无状,万形而无形"之流风。"风"指代一种无形的、流动的传染性系统,这一交互感应的系统或许不是支撑起社会全体的骨骼,更像是连通各处的筋脉,并捎带血肉的部分。王汎森指出"风"作为一种被忽略的史观,在晚清以降进化论几乎一统天下的局面下,它的阐释能力值得重新估量。若将"降一格"的思想史视为一场"伟大的捕风",关键在制造出一种更灵敏的捕风工具。想要抓住弥散在社会空气中的思想因子,肯定不能照搬经典思想史的研究方法,这就好比抓沙子,手握得越紧,手中的沙子漏得越快。

现代史学追求概念、对象、方法的明晰性,能成为历史研究对象的多是铁板钉钉的事实。而"思想"与"生活"这两个范畴,明显不符合明晰性的要求,边界不清晰、对象不清晰、方法也不清晰。因此以生活史为底色的思想史,可看作一种"模糊史学"。"模糊史学"一词,最初是在心态史的意义上提出来的。法国年鉴学派史家雅克·勒戈夫(J. Le Goff)认为心态史最吸引人之处为其模糊性,可使用别人置之不顾的材料,即史学研究分析中由于难以阐明其意义而弃置的材料(《心态:一种模糊史学》)。

"模糊史学"以暧昧不明的人事物为研究对象,具有方法论上的不确定性,与业已发展成熟的模糊数学(fuzzy mathematics)、模糊语言学(fuzzy linguistics)是远亲。以模糊数学为例,现代数学建立在集合论(set theory)的基础上,经典的集合论只把自己的表现力限制在那些有清晰外延的概念和事物上，要求每个集合都必须由确定的元素构成，元素对集合的隶属关系必须是明确的。而模糊数学则专门处理模糊性现象，模糊性是指由于概念外延的不确定性，而造成判断的不确定性。从这个意义上说，"思想"与"生活"都属于外延与内涵均不确定的"模糊集合"（fuzzy set），因而王汎森提出的以生活实感、社会心态为表征的思想史，可视为一种有方法论自觉的"模糊史学"。

《"烦闷"的本质是什么？》这一章的提问方式与研究路径，堪称"模糊史学"的范本。此文触及近代中国政治思想史的一个核心命题，即"主义"的崛起与私人领域的政治化。然而王汎森选择的切入点，看似避重就轻，绕开了"主义"自身的条条框框与"主义"之间的纠葛，而带读者直接感受"主义"诞生时刻的思想氛围。这种左右彷徨的思想氛围，源于"五四"以后新旧青年共享的情感结构。从"烦闷"这种说不清、道不明的心绪入手，追究心态背后的社会成因，及其如何成为"主义时代"降临的催化剂。由措辞到心态，从社会结构到意识形态分析，仿效王汎森的提问方式与研究路径，我们也可以追问"丧"的本质是什么？"小确幸"或"佛系"的本质是什么？"丧"、"佛系"、"小确幸"为何成为当代青年的口头禅，这类网络热词凝聚的生活实感，与两岸社会阶层的固化，与"主义时代"的终结又有何种关系？

主义时代的光晕

给思想史裱上生活史的花边，若缺乏政治史的基底，容易变成五光十色的万花筒或软绵绵的奶油蛋糕。王汎森虽给思想裹上生活方式的外衣，但与新文化史的趣味不同，他感兴趣的是与近代政治生态息息相关的精神生活，而非声色犬马的物质生活。在史学界不管理论方法如何花样翻新，政治史依旧是所有历史的原型，政治仍被视为历史的脊柱。王汎森对中国近代思想史的再思考，重头戏还在传统的政治思想史领域，只是引入了生活史的维度，将注意力从"主义"的输出方转向接收端，从主义高于一切转而追问人为何争相投入主义的怀抱。

"主义时代"的来临，这一主题可以统摄二十世纪前半段，尤其是前三十年的历史。在此期间，主义的正能量强于其潜在的负面效应。主义化身为救世主，被看成社会痼疾的万能解药，但是药三分毒，王汎森对"主义时代"的关注，若延伸到二十世纪后半段，意在叩问极权政治的起源。换言之，最初抗争性的、解放性的意识形态如何演变为压制性的意识形态，和风细雨般的主义如何演变为暴风骤雨的政治。

"主义时代"的降临，这一历史命题对应的现实情境是："主义时代"的终结。如何在主义失效的时代去重现主义的光晕？在人人宣称"我不相信"的今天，去重现当年情真意切的由衷信仰？每年大陆有这么多影视作品，以近现代革命与战争为背景，试图去描绘"主义时代"的光辉，尽管画面愈发精美，但最难传达的是"主义时代"普通人的精神状态，那种"人歌人哭大旗前"的纯真信仰。

主义是意识形态的代名词，只是"意识形态"这个词在中国彻底被意识形态化了，换成"主义"反而有陌生化的效果。王汎森从受众角度分析意识形态的社会成因，认为主义将个人在现实生活中遭遇的种种问题"连珠化"，不仅给青年人的苦闷提供了情绪上的宣泄口，更重要的是为其未来的人生道路提供了"一揽子方案"。在主义这个"乾坤袋"里收纳的解决方案包括：身份（我们是谁？谁属于我们？我们从哪里来？）、活动（我们通常做什么？我们的任务是什么？）、目标（我们要获得什么？）、规范和价值（对于我们，什么是好是坏，什么是被允许或被禁止的？）、群体关系（谁是我们的朋友，谁是我们的敌人）、资源（我们拥有或缺乏权力的基础是什么？）。

关于意识形态的社会根源，有两种主流的解释模式，一是利益论（the interest theory），一是张力论（the strain theory）。前者将意识形态看作政治斗争的武器或追逐权力的工具，后者认为意识形态是对社会张力的反应，这种张力来自个体层面的心灵紧张或社会转型期的文化紧张。从张力论的角度看，意识形态是对社会角色的模式化紧张的模式化反应，它为由社会失衡造成的情感波动提供了一个象征性的发泄口（参见格尔茨《文化的解释》第八章）。王汎森从"烦闷"入手呈现主义崛起的思想背景，视主义为社会病症的处方，更接近张力论的解释模式。

王汎森对主义时代的把握,与格尔茨(Clifford Geertz)对意识形态的符号学分析有相似之处。格尔茨主张将意识形态视为一个互动的符号系统,当作互相影响的意义模式来检验。他认为只有当一个社会最普遍的文化导向和最切实可行的实用导向都不足以为当下的政治进程提供一个适当的形象时,作为社会政治意义及态度来源的意识形态才开始变得分外重要。意识形态为现实生活提供一个新奇的符号框架,给纷乱的社会形势赋予意义,将弥漫于全社会的烦闷、焦躁乃至绝望感转化为有意义的东西,使其成为社会变革的动力(《作为文化系统的意识形态》)。

王汎森在生活与思想之间设置的转接口是来自肯尼斯·伯克(Kenneth Burke)的一个概念"转喻"。"转喻"原指用一个事物代替(stand for)另一个事物,但这里的"转喻"不是修辞学意义上的,而是一种在生活与思想之间起到桥梁作用(mental bridge)的认知机制,用大白话说,就是意识到什么是什么(conscious something being something),或说以什么的名义(in term of)。作为生活史与思想史的强效黏合剂,"转喻"一词在王汎森此书中多次出现,但问题是能否用这种认知机制一劳永逸地解决生活与思想这两个界面的转接问题?以"转喻"的概念为枢纽,在修辞与心态的接榫处或许能发展出一套更精密的衔接装置。

何为良好的历史

王汎森这本书虽然讨论的主要是近代思想史上的问题，但在研究方法上却透着宋明理学的痕迹。其将思想与生活打成一片的主张，近乎宋明理学的体认方式。注重思想的即物性、行动力（actionable），则似有阳明学的影子，因为阳明学讲求知行合一，偏重事功而非心性之学。王汎森曾指出《宋元学案》、《明儒学案》都不能仅仅当作学术史来读，而应看作生活指南或修身教科书。传统读书人翻阅学案时，不仅是为了解各家各派的思想观点，更是想从先儒的生活轨迹中寻求自己安身立命之所。在王汎森的历史信念中，"求知"之学与"受用"之学是合而为一的，"求知"的结果可以"关联呼应"于当下的社会现实，作为我们生命存在的养分。

全书最后一篇《人的消失？！》卒章显志，以史学理论回顾的形式，迂回地提出一个大哉问：何为良好的历史？近百年来史学的专业化，似乎更助长了"人"在历史面前的无力感，其追求的是一个硬邦邦的、最好是没有人名出现的历史（history without names）。这使得"人"，尤其是小我的悲欢成为大历史中被蒸发掉的水汽。没有"人"的历史，不但放弃了专业社群之外的普通读者，也逐渐失去了介入现实的能力。历史有什么用？历史与现实之间有何关系？王汎森的回答出奇乐观，他认为史学就是现实，"人"在历史叙述中的作用及分量，即等同于"人"在现实生活中的作用和分量。历史研究要告诉我们改变历史的"总电掣"(梁启超语)在何处？怎么开启？而不只是反覆地说人是"历史的囚徒"。用朱熹的话说，读史当观大伦理、大机会、大治乱得失。在王汎森看来，有"人"的历史便是良好的历史。

（原刊于《读书》2018年第4期）

"去道德化"的陷阱
——评卜正民《秩序的沦陷：抗战初期的江南五城》

一、"通敌"还是"合作"？

抗战时期沦陷区的历史经验，应置于纵、横两个坐标轴上加以审视。所谓横的坐标轴，即在二战史的背景中进行平行比较。而纵的坐标轴，即将此问题嵌入中国自身的思想脉络中，联系易代之际的历史抉择，尤其是面临异族入侵时士庶的应对策略，在这一抵抗与妥协的传统中反思沦陷区的历史经验。

《秩序的沦陷：抗战初期的江南五城》意在跳脱民族国家的框架，以二战史研究中的合作史（historiography of collaboration）为参照系，在区域史的范围内呈现战时中国的"灰色地带"（gray zone）。此书的长处在取自下而上的视角，兼具世界史的背景；而其不足之处或在因标举价值中立，将政治秩序与道德意识剥离开后，对中国自身的历史脉络与情感记忆体贴不够。

卜正民（Timothy Brook）这本书的主题词是 collaboration，书中译为"合作"，更通行的译法是"通敌"。原书题为 Collaboration: Japanese Agents and Local Elites in Wartime China*。台译本的书名较忠实于原著,译作《通敌:二战中国的日本特务与地方菁英》(林添贵译,台湾远流出版公司,2015)。大陆版在标题上做了较大的改动,几乎是另取了一个书名《秩序的沦陷:抗战初期的江南五城》(潘敏译,北京:商务印书馆,2015)。更改标题不知出于何种考虑,普通读者或许不会计较,但对研究者而言,商务版的书名虽点出时空范围,却掩盖了正标题"Collaboration"一词背后的学术史脉络,即作者在第一章中梳理的"合作史"。

"秩序的沦陷"似有歧义,该书的主眼不在"沦陷",而在"占领"之后的秩序重建:"外国占领对一个社会的惯常结构造成了极大的、残酷的侵扰和中断","它破坏了集体生活的网络和日常生活规范,而且使社会团体和个人在这种环境下面临着危险的选择",占领之后最迫切的任务是打造基层组织,"建立新政治秩序"(页60)。

卜正民对"collaboration"的定义是:"在占领当局的监督和施压下,继续行使权力"。他在书中抱怨说,按此定义,"很难找到一个精确的中文对应词"(页17)。确实较之欧美相对成熟的合作史研究,"中文缺少对 collaboration 一词的讨论",无论是狭义的"通敌",或是泛化的"合作"。但中文中与 collaboration 对应——至少是模糊对应的词,并不限于"合作"、"通敌",还有"事伪"、"附逆"、"落水"等。不过或许在作者看来,"通敌"之"敌"、"事伪"之"伪"、"附逆"之"逆",都预设了政治立场与道德判断，不如"合作"一词显得价值中立。但在"沦陷"的特殊语境中，是否能超然于敌我对峙，持第三方的立场？用"合作"或更轻描淡写的"一起工作"替换"附逆"、"事伪"、"通敌"，摘掉"汉奸"的帽子改称"合作者"，能否保证价值中立呢？

更极端地说，在"沦陷"的问题上，没有中立的概念工具，只有伪装中立的语词。译者在序中坦言，翻译过程并不轻松，仅仅"collaboration"一词就让他大为头疼。"其实 collaboration 最接近汉语的'勾结'一词，但'勾结'这个词又太具有感情色彩，一部严肃的学术著作带有这样的感情色彩不免让人读起来不太舒畅。"因此 collaboration 一词在书中的译法极不稳定，时而译为"合作"，时而译为"通敌"，时而译为"勾结"，时而译为"一起工作"。在我看来，与其刻意抹去语词自带的情感色彩，不如正视"汉奸"、"附逆"、"事伪"这些词背后的历史记忆。沦陷区研究所追求的价值中立，并不等于斩断历史的尾巴，将积淀在语词中的道德情感排斥在外。

二、眼光向下

"如果我们向下看那些模糊不清的灌木丛，而不是向上看熟悉的通敌或抵抗的大树，我们更有可能理解与日本人一起工作的中国人。"（页275）"灌木丛"在这里指代的是"大树"阴影下的地方社会（local society）。欧美学者对抗战时期中国沦陷区的研究，大致分成两路：一路"向上看"，关注沦陷区的傀儡政权，以汪伪政权为代表，即卜正民所说的"大树"；另一路则眼光向下，搜寻沦陷区的地方经验。前者偏向传统的政治史、外交史，后者侧重于社会史、文化史。《秩序的沦陷》以抗战初期的嘉定、镇江、南京、上海、崇明为个案，自然属于后一种研究路数。

区域史的视角，并不限于沦陷区研究，其实是欧美学者处理战时中国的基本范式（参看 *China at War: Regions of China, 1937-1945*）。卜正民在探索"灌木丛"的同时也不忘仰望"通敌"的"大树"，除了江南地区的占领机构，他还处理过1938年"华中维新政府"的创立过程（"The Creation of the Reformed Government in Central China"）。

撇开上层的意识形态纷争，从底层透视沦陷初期的社会状况，将"合作"转化为有待研究的课题，是卜正民此书的基本方法。着眼于战时地方社会的权力结构、关系网络及道德真空，这一"向下看"的研究取径，与日本明清史研究中的"地域社会论"颇有相通之处。所谓"地域社会论"，一方面以"秩序稀少性"的感受为前提，另一方面试图追问非常态下秩序究竟是如何形成的。日本学者岸本美绪对这种研究方法有一段相当漂亮的概括：

> 看起来好像是在处理和大局无关的细微琐事。然而它

所关心的却不一定仅仅止于个别的微观情事。从许多被认为属于"地域社会论"的研究中可以感受到的旨趣其实是要从这些事例中抽离出当时人的行为型态、抉择的依据,以及社会面向等,以整合性的概念模式来把握,甚至从普遍性的脉络里捕捉。关键不在问题的大小,而在问题的方向性。不是像神一般高高在上,以超然性观察立场来俯瞰整个社会,而是由社会中各个角落来选择个别的人群行动,这些行动才是了解社会的真正本质。从这样的观点出发,思考人们为何这样地活动时,问题的方向性势必是从人们的行为与动机出发,成为一种微观的、由下而上的研究取径。(何淑宜译《明清交替与江南社会:十七世纪中国的秩序问题》序言)

日本"地域社会论"主要以明清之际的江南社会为考察范围,因为按倡导者森正夫的说法,长江三角洲自宋以来便是中国社会的基本经济带或"先进地带"。但"地域社会"在日本明清史研究中不仅是作为实体的概念使用,而从作为实体的地域性框架中提升出某种特定的方法论立场(森正夫《中国前近代史研究中的地域社会视角》)。如岸本美绪所言,"地域社会论"关注当时人为何采取这样的行动,并试图揭示每个人所谓合理的利害计算,与超越一己私利的集体意识、道德观念是纠缠在一起的。

地方史的视角让研究者把更多注意力放在个人做出选择的

历史情境上。台湾学者罗久蓉即以 1941 年郑州维持会为主要案例，利用光复后的审讯记录，分别从动机、人事背景、行为三方面考察抗战时期"汉奸"的成因。郑州商民参与维持会的经验显示，人际关系网络在与日伪合作过程中发挥的重大作用。因此不能将通敌行为从历史情境中抽离出来，而应在沦陷时间的久暂、地方经济生态、权力运作机制等脉络下反思"汉奸"的定义与成因。卜正民此书同样提醒我们历史人物尤其是小人物的"有限理性"（bounded rationality）：

> 是否通敌涉及个人在面对战争的威胁时所具备的心理成熟程度，个人在面对由于权力带来的意外收获时的贪婪程度，或者个人在面对其他权力竞争者时的应变能力。不认真考察当时的实际情况，而不分青红皂白地去谴责这些人贪婪和叛国，是再造他们被迫通敌的政治土壤：假定每个人都进行了抵抗，将抗战剧演成了传奇剧。（页283）

三、面目不清的地方社会

"江南五城"在沦陷下并非是一个不言自明的地域概念。为何选择"江南"这片地区，为何考察这五个城镇，除了材料的限制外，不可忽视战争状态下地域概念的政治性。福柯在《权力的地理学》中指出地域概念与战略术语之间的借用关系，因为地理学就是在军事背景下发展起来的。地图上的分界线，看似确定不移，其实是各种政治、外交势力乃至军事势力折冲的结果。若从词源上追溯，地理学上的"地区"（region）由"指挥"（regere）演变而来，就是军事区域；作为行政区划的"省份"，从"战胜"（vincere）转化过来，原义是一片被占领的土地（严锋译《权力的眼睛：福柯访谈录》）。抗战初期的"江南五城"是以军事占领为前提，因日方分而治之的侵华政策而形成的"非自然"的地域范畴。

"地方的近代史"这两年成为史学界关注的热点，单就"近代"这一时段而言，我们对"地方"的了解多是浮于表面的。如王汎森所言，静默的地方社会中有一套无所不在的"传讯机制"，"道德镇守使"便是这无声世界的维护者（《"儒家文化的不安定层"：对"地方的近代史"的若干思考》，《近代史研究》2015年第6期）。严格地说，《秩序的沦陷》对抗战初期地方社会的把握仍是浅层次的，虽拎出了几个活跃的投机分子及面目模糊的"头面人物"，但读者更期待看到战时地方社会的"传讯机制"是如何运作的，谁充当了这个无声社会的维护者或破坏者？不妨进一步追问，近代以来随着士绅阶层的破产、知识菁英的流失，地方社会是否还有自己的"道德镇守使"？

卜正民笔下的"地方菁英"，绝非基层社会的"道德镇守使"，而是典型的实用主义者。此类人的共同特征是：庇护网络、经纪人技能及与地方社会的广泛联系。在占领者与地方社会的权力博弈中，卜正民发现越到基层，日本军方及特务机构越不能完全控制局面，在处理具体事务时不得不依赖"地方头面人物"。掌握地方资源及关系网的投机分子，抓住占领者抛出的橄榄枝，让形势朝有利于自身利益的方向发展。沦陷初期"自治委员会"成员在日后的改组中还能成功保住自己的职位，即显示出基层体系的适应能力。但投机者的适应性决不可混同于易代之际地方社会的自我修复能力，后者以士绅阶层为主导。卜正民以为基层社会的政治事件，都发生在社会网络和组织之间，卷入其中者都参与到权力再分配的过程中。每次政治事件均在实际利益层面上运作，总有讨价还价的余地，意味着事件本身的政治色彩可能遭到底层的漠视乃至削弱。

抗战初期日本占领机构与地方投机分子之间的寄生关系，在卜正民看来，暗合了杜赞奇提出的"内卷化"概念："与政权正式结构相伴随的是非正式结构的出现，比如赢利型经纪人"（《文化、权力与国家：1900—1942年的华北农村》）。依赖非正式结构介入地方治理，需要付出一定的代价，"因为国家政权是以内卷化的方式发展，在基层社会，非正式群体变成了无法控制的力量，并代替了传统地方政府的管理"（页272）。借用"内卷化"的概念来解释抗战初期江南地区的权力结构，似忽略了华北与华中、农村与城镇的地域差异。由诸多关于明清之际江南社会的研究成果，不难想象抗战在此地唤起的民间记忆，包括抵抗与妥协两方面的传统。卜正民此书对地方社会的刻画之所以流于表层，除了材料的制约，最大的原因是没有着力发掘江南特有的文化地层，借以展现地方传统的延续或断裂。

四、"模糊化"之后？

二战史中的"合作史"研究，意在破除抵抗的"神话"。打破"神话"的利器，不外乎强调：动机的模糊性、结局的不可知。卜正民声称史学家有责任去挖掘浅层次阅读中一些由于文化所确立的道德准则而被忽略的"模棱两可"的东西。模棱两可意味着：

> 我们不能根据我们强加的道德要求来推断处于仓促条件下人们行动的原因，亦不能仅仅根据参与者不能预测的结果来评估他们的行为。让历史行动远离被民族主义情绪束缚的假想，或远离使其老掉牙的道德预设，使事件退回到无法预料的不确定状态。（页285）

"模糊性"或"暧昧性"（ambiguity）似乎成了"合作史"研究的价值落脚点。民族主义者将沦陷区视为两种人——坚决的抵抗者与同样坚决的妥协者的战场，欧美学者试图修正过于黑白分明的历史图景，着眼于抵抗与妥协之间的"灰色地带"，展现个体选择的复杂性。

"灰色地带"（gray zone）的说法，来自普里奥·莱维（Primo Levi），一位犹太裔化学家对纳粹集中营的描述。作为亲历者，莱维指出在易于辨识的善与恶，无条件的抵抗与无原则的妥协这两个极端之间存在一大片模糊的中间地带，有许多挣扎着活下去、已经妥协、随时准备妥协、或还没来得及妥协的灰色人物。集中营就像一个人性的实验室，其中人和人的关系不能简单划分成受害者与迫害者两个阵营，事实上盟友中亦藏有敌人，敌人中未必没有潜在的盟友，谁也辨识不出一条清晰的边界，说这边是正义的，那边是堕落的，而更接近于霍布斯所谓的"所有人反对所有人的战争"。谁有资格审判这些灰色人物？莱维以为，或许只有经历过集中营的人性测验，知道处于生存高压下究竟意味着什么的人，才可能做出忠恕的评断。

以"模糊性"为旨归，有时距道德相对主义只有一步之遥。卜正民坚称"历史研究者不能塑造道德标准，也不能制造道德知识"（history does not fashion moral subjects, nor produce moral knowledge）。而中国自身的史学传统，正是把史著当作伦理教科书，旨在"塑造道德标准"、"制造道德知识"。作者随后说"历史研究者的任务不是提出错误的观点来抨击过去的历史参与者或现在的读者，而是调查在某时某地产生道德准则的标准和条件以便进行研究"（页281）。《秩序的沦陷》却搁置了道德判断，引进"合作史"的视野，并未深入"调查在某时某地产生道德准则的标准和条件"。

卜正民有意从"非道德"的角度来解释"合作"政治，他给自己设定的任务是：透过人为设置的道德框架，审视其背后的政治现实。但也坦言在写作过程中没办法将道德和政治完全剥离开来，"因为尽管它们以完全不同的方式在起作用，却常常以相同的语言表达来展开"（页12）。

"去道德化"的陷阱，在讨论占领政权的政治合法性时体现得格外明显。卜正民首先承认日军的存在是政权合法性的唯一来源，随后又亮出一个刺目的观点："没有一个政权与生俱来是种族、文化和政治的产物"，换言之，"所有的政权都依赖宣传打造"（all states rely on fictions）。"去道德化"的现实政治，便是没有真伪之别的政治："有些是以温和平静的方式，有些是以残忍凶猛的方式，来掩盖该政权必然的不足，掩盖其与外部利益的妥协，掩盖其依赖于高压政治强迫民众接受某种民族认同"（页255）。如果消解民族国家的建构，摆脱道德框架的束缚，得到的是这样暧昧的结论，那研究者还不如带着镣铐跳舞。

（原刊于《东方早报·上海书评》2016年1月3日）

被告席的比喻
——读木山英雄《北京苦住庵记》

从现代文学的专业视角出发，关心沦陷区，尤其是沦陷时期的北平，肯定无法绕开如何看待周作人"落水"的问题。虽然有关"落水"事件的探讨，不足以覆盖对北平沦陷时期知识人的总体考察，但对这一事件的切入角度与理解程度，标示着作为思想课题的沦陷区研究的深度。2008年，日本学者木山英雄的《北京苦住庵记：日中战争时代的周作人》（赵京华译，北京：三联书店）出版，让研究者对沦陷区作为中日两国的共同课题，各自面临的学术伦理上的困境有了更真切地体会。

不管木山的周作人研究，给中国现代文学界造成怎样的思想震动，首先必须意识到这是"外来"学术，才谈得上如何拿来的问题。因为《北京苦住庵记》的预设读者是日本人，而木山也是相当自觉地站在日本人的立场上发言，作为中国研究者，应该特别注意的是木山的思想出发点和问题意识，而不仅仅是此书得出的结论，才能形成有效的对话。换言之，我们应该思考的是如何将《苦住庵记》的研究方法及问题意识有效地内化到自己的研究中来，而所谓"内部化"，不是延着木山提出的问题、视角去思考，而是返回到他为什么这样提问的出发点上（参见陈洁《〈北京苦住庵记〉研讨会综述》，《鲁迅研究月刊》2009年第4期）。

木山英雄在鲁迅博物馆举办的研讨会上，有些突兀地提出"被告席"的比喻。他设想了两种虚拟的审判场景及研究者扮演的不同角色：一是坐在被告席的位置上，听取中国研究者的意见，必要时为自己申辩；或是把被告席的椅子腾出来给周作人坐，自己则与中国研究者一道参与评判（《在〈北京苦住庵记〉研讨会上的致辞》，《鲁迅研究月刊》2009年第4期）。作为日本人，他最终选择的是被告席的位置。"被告席"的比喻，可视作木山对其研究立场的一个形象的说明。在该书致中文版读者的序言，即其作为被告代理人的"答辩书"中，他对自己的研究动机有更为细致的说明，最初是基于个人素朴的阅读经验，即从周作人沦陷前夕一系列"日本研究"的文章中获得"新鲜的感动和惊讶"：面对日本全面入侵的危机，周作人仍努力超越国族的边界及两国长期积蓄下来的偏见与歧视，寻找文化上的连带感，或者说基于知识、情感的理解之道。

作为战争中还是小学生，主要在日本战后"被占领"下的思想背景中成长起来的一代，木山试图尽可能贴近沦陷中周作人的立场，对"落水"事件的整个过程予以重构，所以《北京苦住庵记》基本上是事件史的写法。但其处理的又不是单纯的事件，而是去揭示作为事件之内面的思想进程，最后得出的结论也是一个思想史的命题。换言之,著者关注的不仅是"落水"事件,事件不过是思想的物理显现,其试图重构事件发生的情景逻辑及隐藏在背后的心理动机。

木山承认其在思想上未必一一认同于周作人,他对"落水"事件的关注,与其说是出于学理的动机,不如说更多地含有作为日本人的情感成分在内。木山以为像周作人这样对日本文化有那么深入的了解,同时抱有很深感情的人,竟然因为日本的原因而落得如此下场,一想起来便觉得"愤怒"(《〈北京苦住庵记〉谈话会》,《现代中国》第十三辑,北京大学出版社,2010年11月,第46页)。从这种理性的"愤怒"出发,木山将对周氏的处境与心境的体察与对其思想的不完全认同之间的矛盾,"有意识地在作为日本公民而负有侵略战争之共同责任的立场上承担下来"(《〈北京苦住庵记〉致中文版读者》),反过来说,甚至是依靠侵略的一方没有权利审判事伪者这一不成文的限制,将他所谓的"镇魂",即安慰周作人失败的灵魂的动机贯彻到底。

发端于"镇魂"这种超世俗的动机,利用日本人的国民身份,以及国民身份与战争罪责之间看似自然实则是自觉构建的连锁关系,木山选择被告席而非审判员或辩护士的位置,以便尽可能"同情地了解"真正的被告即周作人的处境与心境。这样的研究立场也就决定了《北京苦住庵记》"以体察为主,评论为从"的写作姿态。就木山拟想的审判场景而言,中国研究者基于受害者的身份意识,不愿扮演辩护士的角色,更不可能代通敌者站在被告席上发言,似乎被自动安放在审判员的位置上,不必去想自己是否有审判的资格，或谁赋予了我审判的权利。

作为中国人，基于怎样的研究立场，无论是学理的或情感的动机，才有理由尽可能贴近沦陷区的历史经验，进行"同情地了解"，而非端着审判员的架势加以评说，与背负污名者保持安全的身体距离及心理距离？既然无法抽身事外，像作为旁观者的欧美汉学家那样，搁置道德评判，或伪装价值中立，如何将身为中国人的情感成分，纳入"沦陷"这一敏感议题的研究中，并得以恰如其分地表达，而非成为历史客观性的阻碍？能否在感受到心理困扰乃至道德重负的同时，努力克服过于明快的政治伦理评判？如何将研究者个人的阅读经验与基于独立思考所下的价值判断，与其所属的国族身份不是简单地捏合在一起，而保持某种思想上的紧张关系？这或许是木山所谓被告席的比喻，给处于同一虚拟法庭内的中国研究者提出的具有一定道德风险系数的问题。

木山的思考路径及表述方式无疑是相当个人化的，而其研究立场，尤其是情感上的出发点，却代表了日本战后一代研究者在处理中国特别是涉及战争问题的某种自觉。了解这一辈日本学者的中国研究背后的情怀，对反思乃至重新寻觅我们——与战争经验更为隔阂的一代——自身的研究立场及方法不无助益。与木山同为东京大学中国文学科出身，同样承接着竹内好对鲁迅及革命中国的研究传统的伊藤虎丸，在反省日本战后思想史时指出，他们这一代学问的出发点是对战前从汉学到支那学的谱系的整体否定和批判，"尤其是在中国研究的领域内，由于对于作为研究对象的中国来说，日本是百分之百的犯了错误的加害者"，或者说"负债者"，如何去深化这种"罪的自觉"，本身就构成其学问的原动力（《鲁迅与终末论：近代现实主义的成立》，李冬木译，北京：三联书店，2008年，第378页）。

伊藤所谓的"自觉"，乃借用熊野义孝《终末论与历史哲学》中带有神学意味的定义，不是指抽象的意识，而把这种意识看作是存在本身所担负的责任，只有在有责任、有债务的意义上正当地把握自己，这才是真实的自觉（《鲁迅与终末论》第361页）。需要进一步辨析的是，这种意识不只是作为日本国民之一员的连带责任，而是伊藤从鲁迅那里发掘的作为近代文明根柢的"个的自觉"。伊藤从《狂人日记》中读出的"罪的意识"，延续且发展了"竹内鲁迅"所谓的"赎罪文学"。竹内好在处于"回心"期的鲁迅身上恍惚看到的"近似于宗教的原罪意识"，未尝不是研究者自身的一种赎罪意识的倒影。竹内好怀疑鲁迅思想的根柢处有一种"要对什么人赎罪"的心情，按伊藤虎丸的理解，鲁迅的赎罪不是对某一道德团体的负债，反而是一种自赎，其所赎的不是刑法、道德或政治上的罪责，乃接近于形而上学意义上的原罪。木山的"镇魂"，与伊藤所谓的"罪的意识"，无疑是同一思想语境下的产物。

这种从对象中发现的，以非常曲折的方式潜伏于研究动机中的"原罪意识"，作为一种强有力的思想能源是如何形成的？同样出自东大文学部的思想史家沟口雄三，在与孙歌关于中日"知识共同体"的对话中有一段更直白的自述。按沟口的说法，他们这一代在中学时赶上战败，身处湍急的时代漩涡当中，是用墨汁涂抹教科书上的历史错误的一代。其在少年时代通过漫画、电影、新闻报道培养起来的对于亚洲的歧视和偏见，与根植于此种歧视和偏见的、把亚洲的殖民地从白人手中"解放"出来的使命感，在 1950 年代进入大学以后，通过了解中国革命的实态，以及亚洲各国对日本侵略的抵抗，才意识到自己内心深处的这种扭曲。于是，在少年时代无意识地接受的那些偏见与歧视，转化为类似于原罪的情感。这种发生于内面的情感转化，即对于主体根基处的人性的追问、自责乃至自觉，使其与中国发生了更深切的关联，不仅是研究者与对象之间的关联，同时也支撑着这一代日本学人从文学或思想的角度切入关于近代中国的研究（参见沟口雄三、孙歌《关于"知识共同体"》，《开放时代》2001 年第 11 期）。

除了竹内好，木山英雄、伊藤虎丸，包括沟口雄三，都不是战争经验的亲历者，但都分享了丸山真男所谓的"悔恨共同体"的意识。相对于日本战后的"悔恨共同体"，作为受害方的中国，特别是知识阶层，是否基于惨痛的创伤经验而形成一个共同体呢？中日战争造成的伤害，可以说是一种结构性的创伤，绝非一次性的。在一次性的创伤体验中，受害者与加害者有本质的区别；而在结构性的历史创伤中，胜利者与被征服者之间的界限是模糊的，双方的幸存者都是想象的、潜在的受害者。对应于伊藤强调的"加害者"或者说"负债者"的自觉，中国研究者如何处理由国族身份衍生出来的，或无意识中继承的"受害者"意识？被困于"受害者"的义愤中，或许阻碍了我们对战争经验的反思，尤其是对沦陷时空中"人"的生存处境的理解。身为"受害者"的混沌意识，如何转化为一种持久的、建设性的思想能源？这是木山英雄的《北京苦住庵记》及所谓"被告席"的比喻给中国研究者提出的问题。

（原刊于《书城》2013年第7期）

"极人情之至而曲尽之"
——读赵园《家人父子》

《家人父子》一书是赵园"明清之际士大夫研究"的延续，亦或是收官之作。由人伦"探访"明清之际士大夫的生活世界，背后的问题意识，绝不限于明清之际，而隐伏着五四新文化运动以后，直至当代中国知识人的伦理困境。故此书的理想读者，也不应限于明清一段的文史研究者。

对明清之际的历史与人物而言，我几乎是门外汉，这篇札记传达的只是一个普通读者的感受与困惑。但作为一个文学研究者，我也不完全是两手空空地读入这本书。与赵园老师一样，我也无法摆脱自己的专业背景，即中国现代文学的问题视野，尤其是五四新文化的价值立场。文学、中国现代文学、五四新文化运动，这三层研究背景，让我在随作者进入明清之际，探访士大夫及其家人父子的悲欢离合、日常琐屑时，又比普通读者多一重坐标系，有可能读出更复杂的滋味乃至历史的反讽。

读《家人父子》，不妨先从"代后记"读起，能一下子抓住此书的问题意识及作者的现实关切。赵园首先强调文学研究者的身份与专业训练对她整个学术生涯的决定性影响:"尽管我涉足了文学以外的领域,却始终更是一个文学研究者"。这个"更"字,值得玩味。与《明清之际士大夫研究》及《续编》相比,《家人父子》这本书确实更能让读者感受到,为何作者处理的明明是文学领域以外的问题,却"更"显出文学研究者的眼光与素养。

"代后记"中,赵园梳理了她由现当代中国文学到明清之际,再到当代政治文化的学术转向。我也曾一度对现代文学信心不足,想当逃兵,于是研究兴趣逐渐转向历史,尤其是思想史,而愈来愈"厌弃"literature意义上的文学。坦白说,文学作为一门学科,其研究现状多少有点"惨不忍睹"。但文学专业出身的人,如果要走学术这条路,要较长久地走下去,不论你东拐西歪,转到什么方向、什么研究领域上去,最大的劣势——或许是最大的优长——是缺乏基本的学术训练,而有较好的文字功底和对生活的感悟力,能逃脱具体学科的规训,甚至无视学科边界的存在。

《家人父子》及赵园关于明清之际的系列研究对"后来者"的启示,或许不在于得出什么具体的历史结论,也不在于由"丰富的差异"构成的伦理景观;而在从方法论的层面,为那些"不安分"的文学研究者,演示了基于文学训练的"想象与叙述"所能抵达的历史深度。

基于文学的"想象与叙述",在"家人父子"这个题目上,偏重于对人事、人情、人伦的深入体察,或借用王夫之的话说,

"极人情之至而曲尽之也"(《读通鉴论》卷二五)。简言之,即人与人之间——非研究者与研究对象之间——的同情、共感,是未被专业训练扼杀的日常感觉。中国文学培育的想象力,不完全是脱离现实、天马行空的想象力,更重要的毋宁是深于人事、深于世故的能力。如《家人父子》自序所言:

> 人事体察与人情体贴是一种能力,尤应为文学研究者所具备。人伦即检验此种能力的考察对象。有"体察""体贴",才能由文字(或许只是极有限的文字)间读出人情,读出人的世界。

相对于明清之际士大夫研究的其他话题,家人父子这个题目,更考验研究者的想象力,因为你面对的是"极有限的文字",而且是史传、年谱、祭文、墓志铭之类的刻板文字。在讨论如何"曲尽人情"之前,先得明瞭对象的特殊性及材料的限度。

易代之际士人经历的政治动荡与社会变迁,好比是水面上的惊涛骇浪;而《家人父子》潜入的生活世界,则是发生在水下、深水区甚至水底的故事。借用周作人的说法,"海面的波浪是在走动,海底的水却千年如故"(《回丧与买水》)。"家人父子"并非一个敞亮的、任人窥探的生活世界,而是普通人不愿对外展演、逼仄幽闭的私人空间。发生在内室的故事,或没有故事的故事,即便是枕边人也难以言说。如叶绍袁《百日祭亡室沈夫人文》所道:"君深心之委曲,与苦情之忍默,即我不能尽知之,知之亦不能尽言之也。"

可以说"家人父子"的世界,是几近"无声"的生活世界;而《家人父子》一书的工作,便是从士大夫欲言又止的文字间隙读出"无声之声"。从《家人父子》密集的引文中,读者仿佛能屏息直视那个渊深静默的水底世界:王夫之写其祖父"居家严整,昼不处于内,日昃入户,弹指作声,则室如无人焉";又写其母之事其舅姑:

起恒不待晓色,夜则暗坐彻丙夜。茗浆酒饵以进者,不敢使烹饪刀砧之声闻于外。隆冬不炉,惧烟焰之达也;盛暑不扇,惧其作声响也。与侍婢语,必附耳嚅唲,虽甚喜笑,不见齿也。(《家世节录》)

如此压抑的无声世界是何人造成的呢?作者从墓志铭中钩稽出一个细节:唐顺之说其妻始嫁,"见于舅姑,舅曰:'所属妇者无他,第闱外不闻妇声,足矣。'自是舅往来闱外,竟廿余年不识孺人声。舅每叹以为能妇"(《封孺人庄氏墓志铭》)。

《家人父子》一书涉及的伦理关系,包括夫妇、父子、兄弟,其中夫妇一伦展开得最为充分。然如作者所言,士大夫妻妾的人生轨迹,除一两篇祭文或数首悼亡诗外,"有时即零碎地嵌在其夫的传记材料中——只是'片段',通常连不成线,大片的空白留给你以想象填充"(页66)。有意、无意的留白,可能出于模糊的隐私意识,"更可能出于轻视,或只是作为一种姿态的轻视"。研究者的功力正体现在如何提取、缀连、比对这些生活碎片,并用"想象"填补、阐释文本内外的空白。

相较于夫妇一伦呈现出的丰富性,父子、兄弟之间的故事似乎缺乏某种张力,此书的后半部分读起来不免时有意犹未尽之感,这是另一种材料的限度所致。作者在搜集材料时发现,在今人看来,夫妇应当较父子更"私密",但为人子者在讲述父与子的故事时反而顾忌更多。在父权的紧箍咒下,"子"的身份令他们下笔时不得不慎之又慎,有诸多"不敢、不宜、不便、不忍"。

除了空白、碎片化及种种腾挪趋避外,"家人父子"这个题目面临的材料限制还来自文体方面。作者依赖的文集材料,多是士大夫的"自述"。"自述"的特殊价值在于,"其中往往有为士人摄取的'生活小景',由笔墨间又可察知其处那一种非常状态的态度"(页63)。《家人父子》一书的主要材源,如史传、祭文、墓志铭、年谱、家训、言行录等,均有极强的文体规定性,规定哪些不可说、哪些可不说、哪些可说及怎样说。经由这些材料,作者要探访的却是具体情境中的夫妇、父子、兄弟。在僵硬的文体、干涩的表述与活泼泼的生活世界间,存在着一道鸿沟,只能靠"想象与叙述"来跨越。对象与文体之间的不协调感,在史传上体现得尤为明显。作者指出女性琐屑的日常生活难以纳入严肃的史学体裁,"因了既有的史学体裁的'严肃性'与制式化,有幸作为传主的女性的生活史,往往被依了标准样式剪裁,令人难以窥见传主的眉目神情"(页25)。

在认清对象的特殊性及材料的诸多限制后，回到如何"曲尽人情"的问题。如果将《家人父子》的方法，归结为"人事体察"与"人情体贴"，似过于抽象。这里以书中的一组核心文本为例，来讨论何谓基于文本细读的想象力。在"妻/妾"一节，作者将冒襄的两个文本《祭妻苏孺人文》与为人熟知的《影梅庵忆语》并读，在冒襄与董小宛这对神仙眷侣的故事背后，发掘出被前者光芒掩盖的苏孺人，表彰其以"大妇"处冒氏家族——"为人妻、为人媳、为人孙媳、为人弟媳、为人长嫂、为人侄媳"——之大不易。赵园对《影梅庵忆语》的读解，则聚焦于冒、董故事的"凡间"情境，乃至故事的"残酷性"，如写董小宛在冒襄故示冷淡后的追随不舍，进入冒家后的刻自敛抑，流离中的尴尬处境等。令人印象颇深的是，董小宛在冒家的姿态："当大寒暑，折胶铄金时，必拱立座隅。强之坐饮食，旋坐，旋饮食，旋起执役，拱立如初。"但《影梅庵忆语》仍是从冒襄的视角剪裁二人的生活世界，赵园建议：

> 你不妨试着由董小宛的角度、口吻讲述同一故事，或许竟试拟一篇董氏自述，借此重行搜索，看冒襄有意无意地"遗漏"了什么，有何掩饰、遮盖，尝试走入董的"内心世界"，她对自己的角色体认，她力图展示给冒的形象，她以她所理解的冒的期待、需求为标准的自我塑造。（页89）

这段文字将"人事体察"与"人情体贴"落实到叙事学上，

揭示出基于文学训练的想象如何逐步推演出故事的另一个版本。

文学阅读、文学教育造就的想象力与共通感，不是靠真确无疑的事实，而是由或然性培育出来的。文学讲述的是人生的或然、历史的或然，因而须把握个体性、差异性及现实状况的万千变化。自转向"明清之际"始，赵园就格外关注"非严格思想史"的话题，试图将"总体史"无法涵括的"特例"、"异论"纳入考察范围。在勾勒明清之际的伦理景观时，她同样避免"一概之论"，着力凸显"丰富的差异"：个体与个体的差异、家族与家族的差异，规范、言论与实践之间的差异。普通读者看到是差异的并置，若缺乏"总体史"的视野，不清楚支配伦理实践的思想谱系，甚至对人物关系不甚了然，则容易迷失于无穷尽的细微差异中。

"家人父子"所以成为明清之际的一大话题，除了与士大夫的生活世界息息相关外，不容忽视其在学术思想史上的意义。赵园在《家人父子》自序中特别提及台湾学者吕妙芬的相关著作，其研究领域即明清学术思想史，特别是儒学传统中的理学。有意思的是，此人也是文学专业出身。吕氏著作中可与《家人父子》相参照的，不止征引书目中列举的几篇。此外，如《儒门圣贤皆孝子》一文，以明末清初的理学论述为对象，指出在易代之际学风转换、礼教复兴的大背景下，儒者回归日常生活，认为只有"尽力于人伦，绵密于日用"（潘平格《潘子求仁录辑要》），才是成圣的首要工夫。如清初儒者周汝登所言，"学术不外寻常，舍了家庭，更无所谓学者"；儒家之徒"正当以身发明，在家庭中竭力","在境缘上勘磨"(《东越证学录》)。"五伦之外无道",家庭遂成道场,夫妇、父子、兄弟皆是道侣。而赵园此书过于强调"家人父子"的寻常相对,具体家庭的日常琐屑,似忽视了儒者形而上的精神诉求。切笃人伦是为了合乎天道,家人父子的伦理实践往往是与清初礼治社会的观念、儒家圣贤之学相表里的,所谓"日用之间,琐碎节目即是小;其根极天命,至于神化处即是大"(李光地《榕村语录》)。一般读者若流连于书中摄取的"生活小景",而不知日用场景背后的礼治理想与性命之学,难免以今释古、以情论礼。

不妨以颜元的伦理实践为例,比较赵园与吕妙芬不同的取景模式。两人依据的材料都主要是《颜习斋先生言行录》,赵园的着眼点在颜元夫妇间俨如君臣的相处之道、紧张压抑的家庭氛围;吕妙芬则更看重伦理实践背后的思想谱系,将颜元的家礼实践放到清初北方学术的脉络中考察(《颜元生命思想中的家礼实践与"家庭"的意涵》)。吕文指出颜元对夫妇之礼、父母之礼的执着,之所以到令观者"不适"的程度,是基于他对"家人父子"的特殊理解。家庭被颜元视为人伦教化的圣域:"明伦为吾儒第一关节","伦之当明者莫切于夫妇",天地不过是个"大夫妇"而已。

而《家人父子》一书的主眼,是人情而非礼治,故常用"不情"、"违拗人情"、"礼溢于情"来评判士大夫的伦理实践。如李颙称道曹端治家有术,"夫人高年,参谒必跪"(《四书反身录·大学》),赵园评曰"最为不情"。此等"不情"之举或出于

"礼"的设计。"礼"在当事者心中的地位远高于"情",颜元以为"天下无治乱,视礼为治乱而已矣;家国无兴衰,视礼为兴衰而已"。除了"情"、"不情"的考量,读者是否应从"礼/理"与"情"的双向视角来审视明清之际士大夫的伦理实践。

《家人父子》一书,引文密度极大,甚少转述,并不追求"可读性"。读者可能一开始不太适应如此稠密的引文,但这种"直呈"而非讲故事的语调,让普通读者尽可能直接面对原始材料,分享作者的阅读经验。赵园对文字一贯吝啬,宁失之涩,毋失之滑。在高度节制的论述中,仍能捕捉到作者情感流露的瞬间。赵园称她进入"明清之际"这一研究领域时,要求自己严守学术工作的伦理,避免过分地"介入"。余论又说"家人父子"的课题是与自己已有的想象对话的过程:"我的研究对象,我的研究也于此与我相关"。

《家人父子》当然是"有我"的论述,尽管绝大多数时候作为研究者的"我"是藏在精心雕琢的引文背后,藏在偶然一现的惊叹号中,藏在召唤读者"你"的时刻,藏在替古人担忧、甚至鸣不平的感慨中。如论及"夫风流而妻不妒",一边是有恋童癖的祁止祥,一边是能容下数院如夫人的祁夫人,对这种相敬如宾、被奉为佳话的夫妻关系,作者不禁感叹:"只是那贤德夫人的感受,又有谁真的愿意知晓!"(页40)稍后论及对妾的处置,某翁年老后将侍奉多年的两位女子遣送回家,貌似开明,作者却进而推测:"只是二女'载归'后的命运,就未必是该翁所关心的了。"(页47)又如流离中的夫妇一节,写到祁班孙被流放至宁古塔，有妾在身旁服侍，其妇留在老家，"孤灯缊帐，历数十年未尝一出厅屏"（全祖望《祁六公子墓志铭》），赵园忍不住要追问："未知祁班孙在宁古塔，其妇是否曾在梦中。"（页69）诸如此类的感慨，与其说出于史法，不如说是基于对被压抑者或自我压抑者的同情，基于女性纤细、健全的日常感觉。

赵园对文字的敏感，让她能觉察出包含于虚词中士人不经意间传递的信息。如在一条脚注里援引刘汋所撰其父刘宗周年谱，记其父"登第十年，始买一婢子"；前此官京师，将一婢赠其姊，"宁使夫人自操井臼"。赵园从"宁使"二字读出做"清官廉吏妇的一份代价"（页22）。又谓清初大儒顾炎武在流离途中随处纳妾，且不无自得地说"他日南北皆可遗种"；其妻死后，"寄诗挽之而已"（全祖望《亭林先生神道表》）。赵园论曰："'而已'大可品味，不过如此，而已。"（页64）

从《家人父子》的取景角度，可见出作者的情感倾向，更偏爱"散文"化的生活状态与表述方式。如在冒襄与董小宛的故事中，看重日复一日的"侍坐"，而非烹茶、焚香、调制美食等富于诗意的画面。赵园从士大夫诗文集中撷取的"生活小景"，多是散文化的、偏暖色调的镜头，如"秋夜张灯掩竹扉，左边开卷右缝衣"（方文《夜坐赠内》）；又如方拱乾的宁古塔诗中写家常琐屑的《数米》、《摘菜口号》、《老妻种葱盂中，笑而作此》。"古风妻似友"一节，写祁彪佳夫妇共同游园、看花、观戏、听歌、对弈、访友，更为难能的是祁氏躬亲琐务，妇病，为其延医寻药、求签问卜、调治药饵。在赵园看来，柴米油盐的日常琐屑，比风花雪月更显出夫妇二人"伉俪相重"。又如刘汋笔下的刘宗周夫妇，在其父对其母的体恤中，也有这种"朴素的温存"在。《家人父子》各章均有此类琐屑而有味的细节，易代之际士大夫的生活世界删繁就简，回到基本的生存状态，剥去诗意的点缀，露出凡俗的质地。

赵园声称自己进行的每一项研究，都与"我"相关，只不过相关项各有不同罢了。要找出《家人父子》与研究者"我"的相关项，有兴趣的读者不妨翻看散文集《旧日庭院》中附录的赵园父亲的两篇回忆，及题为《乡土》的一组文章中对家族史的追述。

（原载《东方早报·上海书评》2015年11月22日，题为"明清之际士人生活的无声之声"）

"虽复轻采毛发,深极骨髓"
——读张文江《〈史记·太史公自序〉讲记》

《〈史记·太史公自序〉讲记》这册小书,在张文江著作系列中的位置,应处于《古典学术讲要》(上海古籍出版社,2010年。以下简称"讲要")的延长线上。作为此书的主体,《〈史记·太史公自序〉讲记》对应于《〈庄子·天下篇〉讲记》(《上海文化》2013年第1期);而作为外篇的《〈史记·越世家〉中的范蠡》,则是《古典学术讲要》中《〈史记·货殖列传〉讲记》之补充。

《〈史记·货殖列传〉讲记》援引《论语·先进篇》中孔子对颜回的评价:"回也其庶乎,屡空"。张文江将"屡空"视为一种"修持境界",即时常整理自己的思想,在人生的某些节点上,能有几次"归零"(《讲要》页41)。此次与张氏这本小书"结缘",恰逢个人的精神危机时刻,试图进入"屡空"的状态,以《讲记》为媒介,从古典学术中寻求自我疗治的药石。

作为古典学术的门外汉,读张文江此类讲学记要,实系专业领域外的补课。深感囿于自己的园地——中国现代文学,终究是"无根"之学。讲现代文学,当然可以截断众流,从"现代"讲起;但若缺乏古典学术的修养,恐难讲出"现代"、"文学"之于"中国"的异质性。

对普通读者来说,读这类讲学记,除了知识上的补课,更关乎个人修养。故不妨当作"闲书"来读,适合搁在案头、床头,或在地铁上随便翻翻,不求甚解。至于如何读法,套用朱子的话说,翻看《讲记》,如与作者对面说话,"彼此对答,无一言一字不相肯可,此外都无闲杂,说话方是个入处"。

若以面对面说话的方式读入《讲记》,试想你如何发问,作者又如何应答。《学记》云:"善待问者,如撞钟,叩之以小者则小鸣,叩之以大者则大鸣,待其从容,然后尽其声。"张文江借胡兰成《今生今世》里的一个说法:"君子如响",来形容《学记》中的这个"象"(《讲要》页30)。"响"即钟的回声,你用多大的力道叩击它,它便充分吸纳你的能量,不多不少地反馈于你。同理,读《讲记》,你自身郁积的困惑愈大,投入的心力愈强,这本书在你精神世界中产生的回响愈厉害、愈持久。

口说不同于文章,"讲记"不同于笺注,从《古典学术讲要》到《〈史记·太史公自序〉讲记》,张文江的语调一以贯之,不拿架子,平易近人。但"讲记"作为一种特殊的著述体例,在他这里,并非通俗意义上的"浅说"。其《〈风姿花传〉讲记》称出类拔萃的演员,应突破阳春白雪和下里巴人的界限。第一流的人物,专家和一般人都可以欣赏,"深者得其深,浅者得其浅"(《讲要》页233)。张文江的讲授中,既有面向大众的"显白教诲",也有所谓的"隐晦教导",仅针对专家或少数有心人。

返回中国自身的著述传统,如何领会《讲记》中的"浅说"与"深意"?太史公曰:"夫《诗》《书》隐约者,欲遂其志之思也。"张文江发挥道,"《诗》《书》隐约"涉及文章品味,其内容既显白又隐微。"有些内容看上去是直白的赋,真的追究下去,它会成为隐约的比兴,不经过长时间的沉潜涵泳,光谱很难完整地看见"(页118)。就我个人的阅读体验而言,张氏《讲记》中亦藏有"赋"、"比"、"兴"不同层次的光谱,机缘触磕,或能勘破"赋"后之"比兴"。

《学记》云:"善教者,使人继其志。其言也,约而达,微而臧,罕譬而喻,可谓继志矣。""约而达"、"微而臧"、"罕譬而喻",亦可挪来概括张文江系列"讲记"的著述风格。名为"讲记"或包含着某种文体自觉,正如他喜欢苏格拉底的一句话:"不能以人们寻常想象的方式传授智慧与美德"(《讲要》页25)。较之文体风格,这种讲学方式背后的教学理念更值得关注。张文江曾推荐施特劳斯的一篇演讲《什么是自由教育》(一行译,收入刘小枫编《古典传统与自由教育》),谓自由教育在于以特有的小心(with the proper care),研读最伟大的心灵所留下的伟大的书——在这种研读中,较有经验的学生帮助经验较少的学生,包括初学者。在伟大的传统面前,老师自己也是学生,且必须是更谦逊的学生。这或许是张文江以讲学而非著述的方式揭示古典学术精髓的深意。

《〈史记·太史公自序〉讲记》据说是根据课堂讨论整理而

成。稍有授课经验的人都知道，讲稿切不可组织得过于严密，需留有临场发挥的余地，懂得张驰之道。讲稿整理成书时，免不了要挤压水分，但若枝叶修剪过度，又失去了课堂上师生对面说话的氛围。《讲记》的好处在于作者不避"浅说"，保留了较多即兴发挥、随处指点的段落，而那些见道之言，多隐匿于旁逸斜出处。

《史记·滑稽列传》曰："天道恢恢，岂不大哉！谈言微中，亦可以解纷。"志于道而游于艺，张文江以为开玩笑中点到关键处，大而言之，可解决世事的纷乱，小而言之，可解决个人的困惑。他又引《文心雕龙·序志篇》所言："虽复轻采毛发，深极骨髓"。这句话极真切地道出了我读张文江系列"讲记"的体验，或者说我作为普通读者与他进行想象中的对谈时的感受："他只轻轻摘了你一句，虽然是片言只语，这一点点却深极骨髓。"（页100）就个人直觉，其"深极骨髓"之"深"处，往往沾染了《易经》、佛教、老庄的气息。

作者与他的理想读者，在一问一答的往复中，好比是暗中角力的对手。当你抛出一个疑难时，张文江的应答是迂回克制的，仿佛太极拳法。这种用力方式可参看他对"太史公曰：唯唯，否否，不然"一句的阐解。借用太极拳法中"来脉"、"转关"说："虚笼诈诱，只为一转；来脉得势，转关何难？实中有虚，人己相参；虚中有实，孰测机关？不遮不架，不顶不延；不软不硬，不脱不沾。"换言之，有股力量过来，先顺着它的势头走，然后再把这股力量推回去。"唯唯"让对手有个台阶下，借机把力量卸掉;"否否"又把问题推回去;"不然"即最后亮出自己的立场(页108)。张氏《讲记》有"隐约"之美,因他把光芒、劲道都藏在里面。

"来脉转关"这种迂曲的用力方式,颇类道家遵从的"因"字诀。张文江讲解司马谈《论六家要旨》时说,"因"是道家最高的法门,就是顺着你,用不着另外的东西。道家贵"因",所谓"虚者道之常也,因者君之纲也"。兵法最要紧的也是"因"势利导,《孙子兵法·虚实篇》云:"兵无常势,水无常形,能因敌变化而取胜者,谓之神。"张文江顺势指出:"最深的问题不是应该怎样,而是已经这样了怎么办。承认乃至接受现实,承认乃至接受自己,是最深最深的事情。"(页66)

随手摘录几节在我看来《讲记》中似浅实深之处。如讲"伏羲至纯厚,作《易》八卦",张文江由六经之始延伸到做学问的态度:

> 从事学问研究,最踏实的还是走"至纯厚"道路,摒除世俗的虚名浮利。做学问真的需要有福气,不用功也不行,死用功也不行,有种种机缘巧合,不可思议。"至纯厚"首先着眼于自身,你的人真好到一定程度,会有各种机会知道的。佛教有所谓"福慧双修",其实最大的福就是获得慧。人所能做的就是"至纯厚",这可以修持,永远不够。(页109)

又如讲《易经·文言》："臣弑其臣，子弑其父，非一朝一夕之故，其所由来者渐矣。"引佛教中流传的说法："菩萨畏因，众生畏果"，说人总是不见黄河心不死，不到果显出来，不肯罢手。真正懂因果的人，永远种一个好的因下去，至于能收获什么，并不在意。（页104）再如讲《春秋》止于"获麟"，称孔子看大化无形，正是他的积极，"时代无情，不停地淘汰，时代淘汰别人，还要淘汰你。你把前人推出了局，而把你推出局的人，此刻正站在你身后"。（页89）

虽说是讲古典，《讲记》中也偶有对时势发言的地方。如呼应《论六家要旨》中"务于治"之说，张文江以为一个国家的学术，应该是这个国家、民族参与世界竞争的"致用学术"，而不是酒文化、茶文化之类（页98）。针对当代社会的某些怪现状，主张"对传统文化还是要反思，不能把一些违反时代、违反人性的内容再提倡出来"（页107）。古典中甚至还可读出带"刺"的"今典"：由"海外殊俗，重译款塞，请来献见者，不可胜道"讲到万邦来朝的大国梦（页110）；又如接下来对"臣下百官力诵圣德，犹不能宣尽其意"的阐释。

对于自己目前的精神状态，《讲记》让我真实受用的有两处：其一云"道家使人精神专一"，张文江说从小到大，人接触的社会越来越复杂，内在的气也越来越耗散。读书明理不仅是增加知识，而是在专注的过程中，把分散的心志一点点收拢来（页42—43）。其二讲"大道之要，去健羡，绌聪明"，注曰"不见可欲，使心不乱，是去羡也"，也就是除去贪欲，减少人心上的泡沫（页47）。

张文江在《〈学记〉讲记》里说，人生最高的学问就是生命本身，就是"水在水中是什么"，在life里边研究life。用不着另外去找生活，生命本身就是生活，一笔写不出两个life。人生天天直播的东西，一天到晚给你提供教材，无不是学习的内容（《讲要》页22—23）。他讲《桃花源记》，结束时说"低头饮泉水一滴，已可尝知源头活水滋味"（《渔人之路和问津者之路》）。不论求知、求道，随时可下工夫，随便找个入口进去，适合了就往上走，不适合就往下走，向上的路和向下的路是同一条路。有河有海，有源有委，有深有浅，这就是教与学的整体。

张文江给我最大的启示是，深不可测的东西原来在最浅的地方，已经是教师了，回过头来做学生，才是最最幸福的。"有志于学"怎如"有志于本"，要"重开炉灶另立鼎"，从根子上重新来一个自我教育，才可能由"第二楼头"望见"第一楼头"。最终还要破除这个"本"，无所谓"本"，它"或源也，或委也"，因为"天下水乃是一水"，深处、浅处皆是那道活水。

（原刊于《北京青年报》2019年1月25日）

哀时竟止钩沉史

——读周策纵《五四运动：现代中国的思想革命》

一

近百年来关于"五四"的论述叠床架屋，但关于五四运动本身的研究并不充分。研究者或借题发挥，或打擦边球，或聚焦于运动的某些侧面。总体而言，更关注新旧之争，而忽略了南北对峙；更关注台面上的人物，而忽略了左右风潮的幕后推手；更关注知识阶层的言动，而忽略了其他社会力量的作用。"五四"作为公共话题的争议性持续不断，但一般社会甚至学界对"五四"的认识仍是概念化的。如果说"五四"是一个被打包的事件群，与其纠结于贴在上面的各种标签，不如暂时搁置争议，回到运动本身，先把事实讲清楚，把事件之间的逻辑关系理顺。

周策纵的五四运动史（*The May Forth Movement: Intellectual Revolution in Modern China*），英文稿写于大概六十年前，中译本在港台面世已近四十年，在大陆出版也有二十来年，而此书仍是这一领域不可代替的经典之作。其不可替代性，也就从一个侧面说明五四研究的不充分性。在精深的专题论著之外，我们仍旧缺乏对五四运动本身的通盘认识，这种全景式的认识是一般近代史教科书或教条化的通史写作难以取代的。这本书的学术生命力，在很大程度上，得益于周策纵的史观及其相对超越于左右之争的研究立场。周策纵认为对"五四"不能只做一时的摇旗呐喊，他这本五四运动史"不求得宠于当时，却待了解于后世"。

不了解五四运动的源流，就不能充分了解现代中国的脾性。在周策纵看来，五四运动不同于一般历史事件，它是一段活的历史（《我所见"五四"运动的重要性》，1999年）。他之所以强调"五四"是一段活的历史，有其现实针对性。自1930年代以来，就不断有人宣告"五四"已死，五四运动的时代已经过去了。"五四"到底是过去完成时，还是现在进行时，抑或是将来时？取决于各人对"五四"的定义及如何理解"五四"设定的文化目标。正如陈独秀所说，要研究五四运动的时代是否已经过去，必须明白这是一个怎样的时代，并且必须具体指出"五四"时代要求的是什么，现在是否还有这些要求（《五四运动时代过去了吗？》，《政论》1938年第11期）。

周策纵认定五四运动是活的历史，正是着眼于五四运动的未完成性。严格说来，"五四"勾画的文明远景并未实现，这是一场没有完成的运动。"五四"预设的基本目标包括两个层面，一是如何建立一个健全的现代民族国家，二是如何养成身心健全、思想独立的个体。在"立人"与"立国"两个层面上，我们都还没有完全实现一百年前"五四"设定的目标。周策纵《五四书怀》（1979）其三云："大劫艰危来国士，重囚痼旧激簧鸣。投医每有缘情忌，德赛今犹待后生。"（陈致编《周策纵旧诗存》）"德赛今犹待后生"即是说"五四"所召唤的德先生、赛先生尚未实现，有待后来人努力。周策纵将"五四"比作可以再充电的电池，即使时代变了，它还可能有无比的感召力。

"五四"是一段活的历史，还可以从另一个角度来理解。不管你是否意识到"五四"的存在，是否了解五四运动的历史，"五四"造成的社会后效，已改变了大多数中国人的命运。以女性群体为例，妇女地位的提升，知识女性的出现，效仿娜拉，走出家庭，在更大的舞台上发出自己的声音，都不能不归功于"五四"。所以，我们今天无论谈论"五四"还是回避"五四"，纪念"五四"还是诅咒"五四"，"五四"都已彻底改变了现代中国的社会结构与伦理秩序，改变了现代中国人的基本心性，改变了我们的说话方式与思维习惯。可以说"五四"活在我们每个人身上，活在我们的一言一行当中，像空气一样，无论你是否意识到，它都影响着你的日常生活，渗透进你的精神世界，成为现代中国人的生活底色及思想底色。

1957年7月5日夜，周策纵修改五四运动史英文稿将竣之际，"念其后三十余年时事之发展"，题诗云：

千年礼教困英才，五四钟声动地来。德赛新潮掀巨浪，墨杨今怨激偏哀。群情每误宜深省，众志何堪付曲裁。少日陈东多变节，书成掷笔费疑猜。

此诗费解之处，并非关于"五四"本身，而是立足于1949年以后的时局剧变回望"五四"而生的诸多感慨。"少日陈东多变节"系有感于五四运动的学生领袖日后在思想、政治上的转向；"墨杨今怨激偏哀"则是针对1950年代知识界的左右纷争，周策纵同年作《左右篇》云："孟子能言拒杨墨，今人首鼠左右别。红黄蓝紫色缤纷，世间未必只黑白"，由此亦能窥见他的思想立场。

1948年5月周策纵赴美留学，于美琪轮（General Meigs）上赋诗吐露去国之情："万乱疮痍欲语谁，却携红泪（笔者注：《红楼梦》）赴洋西。辞官仍作支床石，去国终成失乳儿。"他原计划赴美留学两三年，没料到因政局剧变，大半生遂消磨于海外。周策纵曾在自传中借陶渊明诗表达身世之感："枝条始欲茂，忽值山河改"，1949年的政治剧变逼迫他决心做个"亡命者"（《忽值山河改：半个世纪半个"亡命者"的自白》，1993年）。1955年周策纵在密歇根大学读完博士学位，次年去哈佛大学担任研究员。他用英文撰写五四运动史，不仅是要追索近代中国诸多问题的根源，亦缘于他五十年代漂泊在外的生存处境。

从几首杂诗不难见出周策纵为何决意以"亡命者"自居。一首是1949年初戏仿《陪客诗》而作的《革命家》："不愿我革人，不愿人革我。但愿不革人，回回都有我。"第二首《咏大时代夹缝中小人物的悲哀》:"人如过缝秋风扁,命似千钧一发悬。洗碗不能须洗脑,唯心唯物两难兼。"第三首涉及留美学界的思想左右之争:"不才倾倒戴程朱,'好肆'诸公鲜读书('好肆'者,芝加哥大学学生宿舍 International Halls 也,简称 House)。万卷丹黄《资本论》,唯心唯物两糊涂。"对于"忽值山河改"的周策纵来说,"五四"不是已经过去的陈迹,而是被推挤到他眼前正在发生的事件。

二

关于"五四"的定义之争,自运动爆发之日起,就未停歇过。狭义的"五四"被定性为政治运动或学生爱国运动;广义的"五四"则被视为一场影响深远的思想革命、文化运动。周策纵将"五四"命名为现代中国的"思想革命"(intellectual revolution),显然是持广义的五四观。他用"思想革命"来定义"五四",意在强调五四运动的主体是知识阶层,五四青年有较强的独立性、自主性,不受单一政治力量驱策。更重要的是,"五四"把思想革命作为社会改造的前提,在具体的政治诉求之外,还有更长远的文化目标,即胡适所谓的输入新知、再造文明。周策纵对"五四"的定义,试图在政治与文化之间寻求一个平衡点,融入了他个人的价值判断,是一种竞争性的论述策略。

从"思想革命"的视域出发,周策纵的五四运动史不只是呈现"五四"这个波峰、潮头,他把"五四"与新文化运动合在一起,"观澜而索源",试图勾勒出整个时代的潮流与趋势。通过这个潮起潮落的过程,展现"五四"复杂的思想内涵(参见周策纵《以"五四"超越"五四"》,1991年)。把"五四"与新文化运动缀连在一起,关键是要处理好政治与文化互为转辙器的关系。"五四"前后政治与文化的共生状态,构成一个莫比乌斯带(Möbius strip),当把正反面统一为一个单侧曲面,其间存在一个"拧劲"。"五四"释放出的社会能量及其裂变的可能性,即隐藏在政治与文化这个"不二之面"构成的"莫比乌斯环拧劲"当中。

周策纵的五四观,若考索其来源,可以上溯到1947年他为上海《大公报》五四纪念撰写的一篇时评:《依新装,评旧制——论五四运动的意义及其特征》。这篇时评可视为周策纵五四研究的起点,从中能更清晰地读出他的价值取向及倚赖的思想资源。此文是在抗战胜利后的社会氛围中,重估"五四"的价值。周策纵首先反对将五四运动比作"中国的文艺复兴",这显然是针对胡适的五四论述。周策纵认为文艺复兴在西洋史上有继往开来的意义,一方面是"一种古代文化的再生,尤其是古代思想方式、人生方式、艺术方式的再生",另一方面则是"对于新世界、新人类的觉醒"。五四运动虽然提倡用科学方法整理国故,但是对中国的古典文化并没有同情的理解。在周策纵看来,五四时代只有一种清浅的理智主义和实用主义,与西方文艺复兴的思想基调完全不同。

从长时段看，周策纵更认同李长之的基本判断，即把"五四"看作是一场启蒙运动。周策纵在这篇时评中已提出，应把五四运动视为中国文化运动史上的一环，同时也是中国历史上特有的一个阶段，"它自有其悠远的来龙与去脉"，因此不能仅仅考察五四运动本身，而"必须详究整个中国文化运动史，以及经济、社会、政治、思想史实的演变"，才足以了解"五四"的意义。这种通贯的、综合的政治文化视野，正是周策纵的五四运动史区别于专题性的或切片化的五四研究的优长所在。

这篇时评带有抗战留下的思想印记，周策纵强调"五四"的破坏力，称其"代表着近百年来'文化大破坏'的极峰，同时也是此后'文化大建设'的最低谷"。五四运动的根本作用，干脆说就是"破坏"二字，是"一齐打烂，重新做起"。抗战结束不久，"破坏"一词令人心有余悸；但周策纵仍肯定"破坏"之于五四，有积极的驱策力与合理性，非破坏不足以完成"五四"的历史使命，尤其是文化重心的破坏。从破坏与建设的角度评估"五四"的意义，是1940年代知识界的普遍论调。在刊登周策纵这篇时评的《大公报》上，同时有五四运动的亲历者杨振声的一番感慨，大意是德先生、赛先生至今未到，不能只从破坏方面下手，我们需要新的文化运动。

周策纵在1947年这篇时评中对"五四"的定位，与他《五四运动史》中的评价有所不同。此时他没有采用"思想革命"的说法，而将五四运动视为继洋务运动、戊戌维新、辛亥革命以后展开的"文化运动与生活革命"。用"生活革命"而非

"思想革命"指称"五四",表明这一时期周策纵对五四运动在思想史上的作用是有所保留的:

> 五四人物的精神,太实用,太理智了,他们虽竭力想开拓新思想的领域,但实用的趣味,把思想局限于生活革命的范围内,而清浅的理智之光,更使他们烛照不着生命的内在胜义。水清无鱼,生命的幽深处,自然有烟有雾,然而哲学上的玄学思想和文学上的浪漫色彩,终非五四精神所能容。因此,与其称五四为思想革命,不如称五四为"生活革命"或"文化革命"反而恰当得多。(《依新装,评旧制》)

但在写于 1950 年代末的五四运动史中,周策纵却认定五四运动本质上是一场广义的思想革命,因其以思想革命为其他一切社会变革的前提,"五四"最重要的成就在思想意识方面,其次才是社会、政治等方面的实际变革(页 365)。

周策纵早期对五四精神的批评,深受李长之的影响。1947 年这篇时评的基本架构及许多具体表述,都来自李长之《迎中国的文艺复兴》(1944 年重庆初版,1946 年上海初版,商务印书馆)一书。针对胡适宣扬的文艺复兴论,李长之的核心观点是:五四运动并非中国的文艺复兴,乃是一种启蒙运动。周策纵时评中对"文艺复兴"的界定,也是照搬李长之援引的德国 Meyer 辞书中的定义。李长之将"五四"定义为启蒙运动,启蒙运动的主要特征是理智的、实用的、破坏的、清浅的,在一切人生问题和思想问题上要求明白清楚。而明白与清楚,在李长之看来,正是五四时代的文化姿态,以胡适为象征人物,白话文运动不妨看作是明白清楚的启蒙精神的流露。周策纵将"五四"的思想内核概括为一种"清浅的理智主义",同样是挪用李长之的评价:

>"五四"精神的缺点就是没有发挥深厚的情感,少光,少热,少深度和远景,浅!在精神上太贫瘠,还没有做到民族的自觉和自信。对于西洋文化还吸受得不够彻底,对于中国文化还把握不够核心。(李长之《五四运动之文化的意义及其评价》,1942年5月3日《大公报》)

周策纵把李长之的批评用更形象的语言加以转述,即这篇时评的题目《依新装,评旧制》。他以民初学生的生活习惯为例,旧家庭出身的青年到都市后,穿上西装,便批评旧服,甚至要剪去乡下人的长衫。周策纵认为五四一代对传统的态度,与民初学生的生活习尚相似,都是披上西洋的新装来评中国的旧制,不能同情地了解旧制的渊源,分别其真正的长短。换言之,五四运动中如对礼教、伦理、文学、文体、政治、妇女问题等所做的"翻案文章",都是以西洋人的眼光来裁断中国社会的一切现象。

所谓"依新装、评旧制",确实抓住了五四人物喜新厌旧的心理,然而周策纵这个类比也不尽恰切,五四人物在古今中西之间的抉择，并非脱下长衫、换上西装这么简单，多半是对人对事、分场合而论的，有时穿西装，有时着长衫，需要深究的是他们何时换装，为何换装，为谁换装。李长之及周策纵早期的五四论，以胡适为假想敌，都未跳出自由主义的思想框架。

三

周策纵的五四运动史不追求叙事角度的一致性，反而借助局内人与旁观者、赞成者与反对者、中心人物与边缘人物的不同视点，呈现五四叙事的多歧性，即《春秋公羊传》所云："所见异辞，所闻异辞，所传闻异辞"。即便是同一个人的表述，也往往"前后异辞"。鉴于"五四"这个论题的争议性，周策纵的做法是尽可能援引各方面的原始材料，让历史人物自己说话。

在围绕"五四"的话语竞争中，长期占主导地位的是以一校一刊即北大与《新青年》为中心的五四论述。周策纵从周予同的五四记忆中发掘出另一条叙事线索。1930年周予同在《中学生》杂志上发表《过去了的"五四"》一文，声称不能将五四事件与新文化运动混为一谈，"就当日客观的史实说，这完全是无意的错误或有意的欺骗"。他认为不能说新文化运动"领导"五四事件，因为五四事件的发生另有因素。周予同将五四事件与新文化运动切割开来，意在凸显他所在的北京高师在五四事件的酝酿过程中所起的作用。

与以北大为中心的五四论述不同，周予同认为《新青年》并不怎么新，陈独秀、胡适诸人对旧文学、旧礼教的批判，在当时安福系的《公言报》与以梁启超为首的研究系看来，或以为是离经叛道的；这些被成人社会视为洪水猛兽的言论，在北京学生界毫不觉得新奇。学生中流行的秘密读物不是《新青年》、《新潮》，而是《自由录》、《伏虎集》等无政府主义的小册子。为了传播、研讨这些秘密书籍，高校学生中又形成一些互通声气的秘密团体。五四事件的发生，与这些秘密团体中的激进分子颇有关系。周予同认为五四事件的发生有一定的偶然性，事先并没有得到新文化领袖的指导，事后他们也没有给予有力的援助，仍保持"讲坛派"的态度。政府方面却把五四事件误认作北大提倡白话、攻击礼教的结果，对《新青年》同人施压，反而扩大了新文化运动的影响，忽略了受无政府主义思潮影响的秘密团体在五四事件中所起的作用。

张爱玲曾把五四运动比作一场大规模的交响乐，这场交响乐"把每一个人的声音都变成它的声音"（《谈音乐》，1944年）。周策纵的五四运动史既要记录下这场交响乐的高低声部，亦不漏过其中不和谐的杂音。"文学革命"这一节便采录了辜鸿铭在上海《密勒氏评论》（*Millard's Review*）上发表的反对意见。辜将胡适提倡的文学革命称为"套鸟的圈套"，他绝不认同文言文是一种死语言，最直接的反证是在1919年中国所有的公文及绝大多数的报纸都是用文言文写作。在辜鸿铭看来，以胡适为代表的归国留学生不遗余力地矮化自己的文化传统，不啻于把自己变成"道德上的矮子",矮到连自己语言中的高雅也感受不到("Against the Chinese Literary Revolution")。

周策纵的《五四运动史》原本是面向英文世界写作,自然会把五四运动置于同时代史中横向比较,提示我们注意到"五四"与世界思潮的同步性及不同步性。比如他指出胡适文学革命的主张可能受到同一时期美国流行思潮的影响(页29)。自1912年哈莱特·蒙罗(Harriet Monroe)创办《诗杂志》以后,新诗运动震撼美国文坛;到1917年,甚至有人认为新诗是"美国的第一国家艺术"。胡适留美时期不仅是诗的复兴时代,也是美国文学和思想的新时代,被视为"美国的文艺复兴"。胡适提倡文学革命,以白话诗为突破口,进而将"五四"比作中国的文艺复兴,多少受到美国整体的时代氛围的影响。

五四运动与世界思潮的不同步性,不妨以刊于《新青年》上的张崧年译《精神独立宣言》为例。周策纵认为1919年冬《新青年》杂志社发表的宣言,受到《精神独立宣言》的影响。而《精神独立宣言》事实上是一战后欧美知识界的忏悔录,反省欧战中智力对强权的屈服、退让,许多思想家、艺术家"从他们的知识、记忆、想象之武库,为怀恨、为结怨,找出许多新的、旧的理由,许多历史的、科学的、逻辑的、诗的理由",把思想变为某一政治派别、某一阶级、某一国族服务的武器。为了清除战争留下的负面遗产,这份宣言特别强调精神独立的价值,要求智识阶层超越民族国家、党派政治、种族阶级的界限,只认一个人类,"一而普遍"的民众(The People)。《精神独立宣言》针对战时思想变节所作的自我检讨,与"五四"前后中国知识界的政治文化诉求并不完全合拍。

除了局内人的"异辞",周策纵亦看重旁观者的看法,他多次援引杜威对五四运动的观察与判断。譬如论及"五四"的合法性,杜威认为不要用西方人惯常的法律思维加以评判,要从共同体的道德意识来理解五四运动(页172)。杜威注意到在五四运动进行中,许多问题的解决是由公共舆论决定的,知识阶层及其他社会力量通过公众集会和电报往来的方式,迫使政府在外交问题及内政事务上做出让步。只有亲身感受到民众意志对国家事务的直接影响,才能理解"五四"的合法性("Justice and Law in China")。周策纵《五四运动史》采纳的英文材料,除了杜威来华时期的书信、言议,还有美国驻华公使芮恩施的记述(Reinsch, *An American Diplomat in China*)及《字林西报》(*The North-China Herald*)、《密勒氏评论》(*Millard's Review*)、《教务杂志》(*The Chinese Recorder*)上关于五四运动的报道。

围绕"五四"的话语竞争,不仅是抽象的主义之争、思想之争,落到历史叙述层面,则聚讼于细节之争。周策纵的《五四运动史》既有长时段的思想关照,同样注重有意味的历史细节。如论及二十一条的影响,不光交代条文的签署过程及具体内容,还特意点出这份文件上印有兵舰和机关枪的水印。似有若无的水印暗示了文件的内容和意图,二十一条对民族情绪的刺激,胜过真正的坚船利炮(页20)。又如写到1919年6月上海罢市前夕，满街都是头戴白帽的学生。戴白布帽是为了抵制日货，因为草帽多是日本生产的（页157）。这些看似无关紧要的"闲笔"，却能把读者带回历史现场，感受运动过程中民众心理的波动。

安克斯密特（F.R.Ankersmit）在《历史表现》一书中区分了两种对待过去的方式："纪念"与"见证"。"见证"意在消除我们与过去的隔阂，"纪念"则建筑在时间的藩篱之上，把过去蛮横地置于算术框架中。在仪式化的纪念中，我们与过去的关系是被机械的时间刻度所决定的，最好是五的倍数，十年、五十年、一百年……只有在这样的算术框架中，我们似乎能完全掌控过去，过去俨然已经过去。

近年来"五四"遭遇的冷漠与质疑，可以用周策纵的一句话作回应：以"五四"超越"五四"。不是绕过"五四"，或把它送进博物馆，而是立足于"五四"本身来超越"五四"。如果我们承认"五四"的思想基调是重估一切价值（Transvaluation of all Values），那么对于五四运动本身，连同"五四人"做出的价值评判，未尝不可因应不同的时代需求重新估价，只是不要再制造新的偶像。从这个意义上说，五四运动是一段活的历史，一场未完成的思想革命，"五四五四是将来"。

（原载《上海书评》2019 年 11 月 23 日，略有修订）

绣花针与狼牙棒

——读陈平原《作为一种思想操练的五四》

一

陈平原《作为一种思想操练的五四》的自我定位，"并非立论谨严的史著，而是带有论战性质的评论"。"五四"作为跨学科的公共话题，理应恢复其论辩性。言说各方应保持一定的对话意识、论争意识，不能"目中无人"，要看到学术上的"对手方"（傅斯年语），包括现实的或潜在的思想论敌，以及对这一话题感兴趣的普通读者。

"五四"作为一种思想操练，不限于中国现代文学专业领域内。研究者要有与相关学科对话的意愿，还需具备面向普通读者发言的能力。"五四"可以说是中国现代文学的学科基石。长期以来这块奠基石过于稳固，以致我们忽略了它的存在。当它的历史定位逐渐松动，变成一块"滚石"时，既给学科带来前有未有的思想危机，而在危机中或也蕴涵着自我更新的生机。

对现代文学研究者而言，围绕"五四"的思想论辩，与其说是枪口一致对外的保卫战，毋宁说是"昔日之我"与"今日之我"的较量。发言者需根据当下的社会氛围，救偏除弊，适时调整自家立场。现代文学研究者既是"五四"遗产的继承人、保卫者、辩护士，也应直面"五四"近百年来的历史后效，在与反对者、调和派的思想对垒中，将何谓"五四"重新问题化，从而生发出新的时代命题。

在专业领域内隐然有两类"五四"言说，或将其视为历史事件、历史过程去勾描，或将其作为价值立场展开攻防战。前者对"五四"的理解偏实体化，后者则试图去发现五四新文化运动中未实现的可能性、未兑现的口头支票。所谓回到"五四"，不是回到过去，而是回到未来，去重温五四人对未来中国、未来世界的想象与规划。返回历史现场，不仅是为了搜寻那些散佚的历史细节，更是为了激活"五四"之于当下中国的思想功能。借用麦克卢汉的譬喻，以"五四"为后视镜（rear-view mirror）给未来导航，我们透过这个后视镜看现在，倒退走步入未来。

在当代中国的主体建构过程中，传统资源的复活固然重要，但离不开"五四"这一解毒剂。问题在如何创造性地转化"五四"的思想遗产，而不是当"五四"好像从未发生过。当"五四"逐渐从历史的光源变为黑洞，部分丧失其政治正确性时，恰是其精神遗产与当下中国发生化学反应，再度活化的契机。关键是如何形成有效的思想论争，抓住对方的论辩逻辑，推动彼此观点的深化。与这种拟想中的思想交锋相反，现实情形是大家各说各话,根本不在同一层面上较量。更多时候是秀才遇到兵,有理说不清。在"众生喧哗"的舆论场中,为了让对方听到自己的声音,不得不提高调门,但又可能失却专业立场,变为公知腔。

在大风大浪中历练过的前辈学者,应对此类话题时,能举重若轻,有较丰富的实战经验及自我保护意识;而对豢养于学院内的青年学者来说,要加入这样的思想混战,则面临诸多考验。因为大家平日里惯于拈绣花针,做精细活儿,更多是技术而非思想层面的操练,着重养成原始资料的开掘能力、历史考证的功夫、细腻的文学感受力,以及讲故事的能力。也就是说青年学者更长于窄而深的专题研究,按专业内部的评价体系这样的题目当然有价值,但往往缺乏与相关学科的对话意识,以及与社会现实的连带感。

进入真刀真枪的论争场中,绣花针如何与狼牙棒对抗呢?狼牙棒诚然是粗暴的不精确打击,但它作为一种论战工具的杀伤力不容小觑。除了绣花针外,我们是不是还应该有其他的防身之术,及更有效的思想武器来应对外部的质疑和挑战?这也意味着工作状态的调整,不能期待闭门造车,出门合辙;而要眼观六路、耳听八方,适度关注当代中国的思想动向。绣花针与狼牙棒的对举,并非一味强调技战术。主动投身于思想论战中的专业学者,更可贵的是能进退自如,有清晰的边界意识,不轻易跨出自己的专业领域发言。

将"五四"视为一种思想操练,不仅是仓促间被动应战,还要有主动出击的能力。主动出击比被动应战,更考验学者的综合战斗力:能否抓住时机,趁势发难;能否从混沌的社会现实中提取出有前瞻性的思想命题;能否借助大众传媒发声,而不被媒体所挟持。

学院派为何要介入现实?日本政治思想家丸山真男提出"不作为"的责任问题,也就是说你不干什么仍然意味着朝一定方向推动现实(《现代政治运动中的表态问题》)。至于如何介入,他主张"在家佛教"式的修行法,即投身于非职业政治家的政治活动,当有大事发生时,不回避表达,能打开天窗说亮话,适时亮出自己的底牌。

二

关注"起点"的问题,通常是因为研究者不相信可以确定"一个"起点。虽然任何一种历史叙述都需要事后指认一个起点,而这个起点本身即包含着叙述者的意图与方法。

按萨义德(Edward W. Said)对"起源"和"开端"的区分:起源(origin)是唯一的、神秘的、宗教性的、有特权的;而开端(beginnings)则是复数的、世俗的、人造的、非传承性(non-dynastic)的、不断被检验的(《开端:意图与方法》)。作为历史叙述的起点,"开端"有意地制造差异(如"新"与"旧"的区别),并为后来的文本群提供依据与合法性。"开端"并非线性历史的起点,反而暗示着回归和重复。较之"新"这个相对性的概念,"开端"创造了"另外"(other)一个起点。

在平原师指导下,我硕士论文的题目是《"新文化运动"发生考论》,处理的是一个"开端"或者说"起点"的问题。现在回过头去看,真有点佩服自己当初的勇气,实在是不自量力。事实上,自己并没有能力去挑战关于五四新文化运动的既成叙述。当时的勇气,可能源于确信自己找到了一个特别的入口。从这个入口进去,仿佛能窥见一点微光,由此辟出一个新的论述空间。

这个选题有相当大的偶然性。据说现代文学这个领域有一个中心(五四运动),两个基本点(周氏兄弟)。选题时不知道去哪儿找题目,索性从《鲁迅全集》读起。没想到运气不错,《全集》第一册还没有翻过半,就瞥见《热风·题记》中的一段话。鲁迅说"五四"以后,之前讥笑、嘲骂《新青年》的人,另外起了一个冠冕堂皇的名目,叫"新文化运动",后来又把这个名目反套到《新青年》身上。按鲁迅的说法,《新青年》与当时所谓的"新文化运动"好像不是一回事。这有点违背文学史的常识,即把《新青年》视为五四新文化运动的起点,新文化运动不就是《新青年》同人提倡的,以北大为策源地的文化运动?

由《热风·题记》里面的这段话,我生出几个疑问:

> 一是《新青年》提出的"文学革命"、"思想革命"与当时所谓的"新文化运动"究竟是什么关系?鲁迅之外,

其他《新青年》同人对"新文化"、"新文化运动"这些名目怎么看？

二是"新文化运动"这个词儿是什么时候出现的？是谁"发明"的？

三是"新文化运动"这个名目，又是如何被"反套"在《新青年》头上的。

通过考察胡适、陈独秀、周作人等关于"新文化运动"的言论，我发现，至少在 1920 年代前期，《新青年》同人普遍认为所谓"新文化运动"是在"文学革命"、"思想革命"之外"另起"的事业。打上引号的"新文化运动"，出现在"五四"以后，即 1919 年下半年。这个词的发明权，主要归功于梁启超为首的研究系。

我当时逐页翻检了"五四"前后研究系掌控的几份报刊，比如北京《晨报》、《国民公报》以及张东荪主持的上海《时事新报》，得出的一个基本印象是，"新文化运动"表面上是作为政治运动的反题出现的，但骨子里是一种泛政治运动，承担着为政党政治造血、换血的功能。"五四"前后政治与文化的关系，构成一个莫比乌斯带（Möbius strip）。这一视觉隐喻，想要强调文化与政治的连通性，借以说明从政治运动到文化运动的拓扑变换。

因为这次笔谈，我重新翻看我硕士论文的开题报告，觉得真正站得住脚的，或许就是这篇论点的"起点"，即从鲁迅《热风·题记》里无意间发现的这个隐蔽的入口。但写论文光靠灵光一闪是远远不够的,更重要的是用无可反驳的论据说服别人。我当时没有能力从这个缝隙深入进去,把我从报刊杂志等历史现场拾得的一些碎片,拼凑成一幅新的图景。

奥尔巴赫(Erich Auerbach)从方法论的意义上特别强调"起点"(Ansatzpunkt)对于"历史综合"的重要性。他认为基于内在视点的综合历史(a synthetic history-from-within)是个人直觉的产物,因此也只能寄希望于个人。个人如何实现"历史综合"?不是通过百科全书式的资料搜集,困难之处在于材料的结构本身。

"起点"好比是研究者掌控的"手柄"。一个别致的起点,便足以撼动整个历史图景。当然光有一个总体性的构想是不够的,必须沿着起点指示的路径,寻求一系列可以具体描写的现象,对这些现象的阐释自然辐射出一个更大的论域。现成的概念往往是危险的起点,好的起点应该既是具体的、边界清晰的,又具有向外辐射的潜力。通向"历史综合"的起点,在奥尔巴赫看来是多种多样的,可以是"语义阐释、修辞转义、句法段落以及特定时间和特定地点所说的一句话或一系列评论"(《语文学与世界文学》)。

在开题报告的结尾,我还写了一段没头没尾的话,其实是我写完论文后仍旧没有解决的一个困惑。大意是说,我们有没有可能在"常态"下,纯粹从学理的动机出发,凭借研究者有限的个人经验,重新认识"五四"、认识"新文化"?

此前关于"五四新文化"的叙事模式,都是在某种紧急状态下,或者说思想、社会的危机时刻形成的。成功的"改写","势"大于"理"。我们这代学院体制培养出来的"新青年",连个人的故事都乏善可陈,怎么能讲好"新文化"从哪里来,往何处去这样的宏大叙事?"历史",对我个人而言,好像被缝合得严严实实。你很难动摇前辈人、包括同时代人心中的定见(或许是成见),说服别人来听你重讲从前的故事。即便你用绣花针挑破一条缝隙,有可能由此撕开固化的历史图景。

重述五四新文化运动的发生史,困难之处还不在于历史场景的还原。今时今日,我们完全有能力寻觅、堆积更多的历史细节,把故事讲得无比繁复、细腻。我感到真正的困难,恰在于胡适所谓的"价值重估",如何回应当下的思想氛围,重新检讨新文学的立场,进而重估新文化的价值内核。没有一个新的价值旨归,大概只能复述或修补原有的叙事模式,不可能把新文学、新文化如何发生这样的故事讲出什么大的新意来。

三

陈平原这一辈学者与六〇、七〇、八〇后学者的最大不同,还不是在知识结构上。我注意到陈老师曾在各种场合有意无意地谈到"饥饿感"的问题。他感叹说,现在请学生吃饭很没有成就感,大家围坐在一大桌菜前,吃相都太斯文,不仅是为了保持身材的缘故。确实八〇年代以后出生的孩子,几乎没有过吃不饱饭的记忆，也很少有精神上的饥渴感。而陈老师这一辈人对生理上、精神上的饥渴，则有刻骨铭心的感受。

饥饿感，可以说是经历过文革的五〇后学人共同的身体记忆。这种空洞的主体意识、匮乏的生命体验，是驱使他们在学问之路上不断探寻、永不停歇的内在动力。忘了从何处听过陈老师在乡下务农时的一个细节，挑着一担粪上山，不敢歇肩，不能回头，只能憋着一口气往上走。传闻不知真假，也没有跟老师确认过。回顾他们七八十年代的求学经历与思想别择，或许可以用"饥不择食"、"饥不择路"这样不太高雅的词来形容。这种因饥饿感而生的急迫感——甚至是窘迫感，与时间竞走的感觉，至今仍存留在这一辈学者的治学态度、生活方式，甚至是走路姿态当中。

从饥饿感中催生出的学术，处于野蛮生长的状态，自然可以无视种种边界，打破种种条条框框，从贫瘠的知识土壤汲取养分，为自己寻求精神出路。借用李卓吾的说法，"至饱者各足，而真饥者无择也"，"惟真饥而后能得之"（《子由解老序》）。从知识构成上看，陈老师这一辈学者大都是"杂食性"的，"杂学"中蕴含着向四面八方伸展的可能性；相对而言，我们的知识构成都过于单一、同质化了。不同于老师辈的精神饥渴症，我们现今面临的问题是如何在知识过剩、信息过剩的学术环境下，化解自己的饱腹感、倦怠感，寻找到"不容已"的学术动力。

（原刊于《文艺争鸣》2018年第9期）

"黑暗涧谷"上造塔

——评姜涛《公寓里的塔：一九二〇年代中国的文学与青年》

好的隐喻首先是种不恰当的搭配，在最初不搭界忽而切近的词项间生成新的语义场。好的隐喻同时是对概念化的反驳，将被概念驱逐的意义截留到一个囫囵的意象内。"公寓里的塔"是苦闷的象征，姜涛用这个别致的意象来统摄 1920 年代文学青年的集体困境。

公寓是 1920 年代文学青年出没的场所，一个逼仄的生活空间；而非现实的"塔"，既是安顿主体的位置，也是新文学由"志业"固化为职业的象征。可与"公寓里的塔"相参照的是，周作人构筑的"十字街头的塔"。这座临街的塔，截取自日本文艺批评家厨川白村的《往十字街头》及《出了象牙之塔》。"象牙之塔"的意义和出典，按厨川白村的说法，即对现实生活取超然高蹈的态度，"置这丑秽悲惨的俗世于不顾，独隐处于清高而悦乐的'艺术之宫'"。"塔"和"街"并非不相干的东西，周作人以为"不问世事而缩入塔里原即是对于街头的反动，出于街头说道工作的人也仍有他们的塔，因为他们自有其与大众乖戾的理想"。

"塔"与"街头"的张力，公寓内外的区隔，构成了1920年代文学青年的歧途。身处一个进向大时代的时代，往哪里走？这是寻路人的困惑。是走上街头，"加入表面上更具现实感的实践进程"，还是在室内造塔，"致力于幽闭的破除及写作主体的重塑"，在这两条路之间，研究者自有其倾向性。

姜涛此书关注的时段，恰好夹在两个"大时代"中间，一头是"五四"，一头是大革命，可以说是两个历史"高光点"之间的阴影地带。这一时段在文学史叙述中，通常用从"文学革命"到"革命文学"的小标题来概括。然而，其间许多貌似不起眼的人物、团体、事件，就在"从××到××"的结构中被自动省略掉了。要挣脱"从××到××"的单线叙事，在"五四"与"大革命"的双重光晕下，打捞出没赶上趟的无名之辈，比处理大时代中的大人物，更考验研究者的眼光与功力。

前有关于"五四"的诸多经典论述，后有国民革命的宏大叙事，中间这段是否值得拎出来讲，如何讲法，能否讲出彩，都需打上问号。姜涛这本书表面上是接着讲，讲"五四"以后的故事，由两代人的合力讲到第三代的分化，从中可以寻出大革命的伏脉。但这不是两个华彩乐章之间的过门或间奏曲，作者从相对微弱的历史脉动中捕捉到他独立的问题意识，即作为"后五四"现象的文学青年。跟新文学的塑造者及"五四"成就的学生一辈相比，1920年代才登上文坛的这批边缘人，已"错过了进入历史的最佳时机，只能在运动的'余波'中展开自身

的可能性":

> 其中的大多数，一直处于无名状态，注定要淹没成文学史模糊的背景，但正是有了他们的热情参与，作为伦理革命、思想革命之延伸的新文学，才有可能从一系列激进的理论和形式，落实为活生生的文化实践与生活实践。在某种意义上，他们不只构成了新文学的社会基础，甚至可以当作新文学真正的历史主体来看待。（页12）

作为追随者、模仿者的文学青年，与正在形成中的新文化秩序，构成某种"镜像关系"。在"五四"的强光笼罩下，如何描述作为"后五四"现象的文学青年，在方法上有相当的难度。如果你给自己挑选了一个强悍的对手，完全可以钻到对象内部去做，因为对方给你提供的论述空间足够，你甚至无法穷尽对象的可能性。但如若你选择的对象较贫弱，稍一用力就会让对方不堪重荷；此时只能把他贴到布景上，视为一种社会现象去讨论。就相对稚嫩的文学青年来说，引入社会学的视野，不是为了追逐时髦理论，而是由对象本身的承受力决定的。

姜涛在后记中说，方法的引入固然会带来一时的兴奋，但研究的深入还要倚赖方法背后的"功夫"，即如何"将外部的关联性视野进一步内在化，构建一种既保持整体又执着于内在具体性的分析视野"。相对于"文学社会学"的方法，更令我着迷的是此书时而流露出的"处境感"，"一种围绕自身特殊历史、特殊问题展开的处境感"(姜涛《文学的内外：有别于"方法"》)。

此书的大部分章节都曾以单篇论文的形式发表过，当这些论文组合成专著时，作者的问题意识才真正清晰、完整地呈现出来。这部书的整体感，不完全是由"文学青年"这一对象赋予的，在我看来，更多来自研究者与对象之间某种共通的处境：封闭的室内空间，"硬写"而不能的焦灼，生存的幽闭、"脱序"之感，以及文学/学术生产与消费的怪圈（页212）。

如果说1920年代文学青年的内在危机源于日益等级森严的新文学体制，如今七〇后、八〇后学者的共同处境不也是"体制化"？"体制化正是要使学术研究自成系统，使其发展变得愈来愈内卷化，使得这个体系自我强化，从而其在生存上变得愈来愈有依赖性。"（项飙《中国社会科学"知青时代"的终结》）正如姜涛所说，"空"的文学与"实"的学术，距离并不遥远，二者都可能蜕变为封闭的圈套，拘束真正主体精神的发生（页257）。

将1920年代的文学青年和1990年代以后出场的学术青年叠合在一起的是"室内作者"的形象，一种典型的专业化作者形象。姜涛引罗兰·巴特的一段话，把室内的作者比作机械化时代的手工匠人："他加工、切削、磨光和镶嵌其形式"，"把个人的孤独和努力转化为规则时间中的劳动"（页202—203）。室内作者面临的困境，不在于内外的隔绝，而在于批判精神的缺失及主体能动性的弱化——好像守着风中的一朵火苗，眼看它暗下去、暗下去。青年人的热情、锐气，还有大把大把的好时光，都无声息地消耗在体制内的竞技中。

更可悲的是，当你兴致勃勃地投入到此种专业竞技中，乐此不疲，如何有可能抽身出来看清自己的真实处境。姜涛对丁玲《一天》的解读，提示我们停顿的意义，"出神"的时刻或许是主体赎回自身的时刻。此时日常生活的强大惯性被突然中断，"我"从生活之流中挣脱出来，一瞬间看到了文学／学术"幽闭"的轮廓。《一天》中青年陆祥的走访工作不断受挫，他坐在马路旁的一块石头上，说不出的难过，姜涛以为这不过是另一种"出神"的时刻，包含着意想不到的生产性："正是在沮丧和挫败中，转换的方向和方法才会被重新思考、检讨"（页220）。作为个人主体性的残留，那些"碰壁"的时刻、精神出轨的时刻、怀疑憋屈的时刻，如同日常生活中的一个破折号，更值得认真对待。

1920年代文学青年的生存处境中是否隐伏着研究者自身的主体危机呢？姜涛在纪念王瑶先生诞辰一百周年之际写作的《思想方法的内在支援》，即从代际的视角审视现代文学专业的三代研究者分别面临的历史处境。王瑶被视为典型的"一二·九"一代，在学科创始人这里，"科学"与"责任"、"理论框架"与"价值系统"仿佛是浑然一体的。姜涛以为王瑶学术著作中的"历史感"背后是一种"浑厚"的主体性。这种强劲的主体性，乃基于专业之外的政治历练与社会实践。王瑶先生的弟子们，即我们的老师一辈，虽然学术立场和工作方式有所不同，但都介入了当代中国的思想进程，由此获得某种

"丰沛"的主体势能。至于在九十年代"告别革命"的氛围中登场的青年学者,作为学院体制培养出的第三代,知识结构相对完善,技术手段更为纯熟,但:

> 他们面对的,其实已经是条块分割的社会结构与分科现实……在擅长"精耕细作"的同时,年轻一代研究者视野、抱负的缩减,乃至自身主体性的暧昧、弱化,已构成了某种无形的限制。

"主体性的暧昧、弱化",确实戳中了七〇后、八〇后学者的软肋。怎样在闭合的学术生产链条中保持饱满的工作状态,抓住与研究对象之间的连带感或紧张关系,甚至有意识地开拓专业之外的发言场合作为介入现实社会的有效途径,这或许是青年学者共同的困惑。

所谓"条块分割的社会结构与分科现实",不正是1920年代文学青年登场时的基本处境。在姜涛勾勒的历史图景中,新文学第三代面对的,同样是一种"正在分化的现实":"文学"逐渐从社会改造的总体构想中独立出来,细化为具体的文类实践,同时依托社团、期刊、读者、批评,落实为一个排他性极强的新文坛。与前两代人无中生有地"造社会"的信念不同,"文学"在第三代眼中就是"文学",就是不同部类的创作,就是从习作到成品的蜕变。"文学"固然带有理想主义的光环,但也与个人的出路、生计乃至下一顿饭的着落有关。

文学青年的生存困境，其实是新文化运动内在危机的显现：最初允诺了创造性自我的新文学"志业"，如何避免体制化的陷阱，为追随者持续提供新鲜的伦理感受和经得起推敲的价值立足点；文学青年在解决了温饱问题的前提下，如何摆脱体制的惯性，拒绝成功的诱惑，寻求更高层次的自我安顿。

韦伯的"志业"观是进入"公寓里的塔"的一个入口，也是贯穿姜涛相关思考的一条暗线。在第一章的引言中，韦伯的出现看似突兀，却挑明了以学术为业者不得不认清的事实："相对于学术作为一种职业的经营，以学问为生命志业首先受到的限制，就是学问已进入一个空前专业化的时代，并且这种情形将永远持续下去"（《学术作为一种志业》）。个人唯有经过严格的专业训练，才能在学界站稳脚跟，生产出"水平线以上"的成品。专业化是青年学者的必经之路，但其副作用十分明显："在惯了的世界里，一种颓废的气分，是容易发酵的。我们为从这没有刺戟的境涯中蝉蜕而出起见，应该始终具有十二分的努力"（鹤见祐辅《专门以外的工作》）。

姜涛以为任何一种"志业"，无论文学、政治还是学术，如果只按自身的原理运行，都有可能被常态的体制吸纳。要冲破"隐隐然不可动摇"的常态结构，则需要重塑某种灵活的批判主体。在"教训"与"反教训"一章，通过 1920 年代文坛上的导师与青年之争，暴露出"五四"启蒙结构遭遇的信仰危机。其中鲁迅的态度是作者塑造的理想型：面对种种"硬化"的组织，面对有形无形的"圈套"，他召唤的是"一种否定与挣脱的能力，一种在运动中不断确立主体位置的能力"（页262）。

对于专业化时代的主体危机，姜涛暗示的应对策略似乎是用韦伯所谓的"卡里斯马"权威代替外在的启蒙权威。卡里斯马权威对内在主体性的重新打造，是从困境或激情出发，将个人抛入彻底孤立的绝境中，借此改变他对外部世界的态度。换言之，卡里斯马就是要在生活的绝境中找寻生活秩序的新开端，在没有根基的深渊之上重建生活的根基。（参见李猛《理性化及其传统：对韦伯的中国观察》）

不妨重新回到"公寓里的塔"，这一意象出自作者对沈从文早期经验的考察。"塔"没有地基，底下是"黑暗涧谷"。困于公寓中的文学青年沈从文"正同陷入一个无底心的黑暗涧谷一样，只是往下堕，只是往下堕"。"黑暗涧谷"象征一种沉沦的、待拯救的生命状态。"黑暗涧谷"的隐喻，不只用来描述沈从文的早期经验：

> 在一个由现代教育、新潮读物、大小社团构成的文化"场域"中，文学"志业"不仅仍会沦为一种"生计"，由于缺乏有效的历史参与，"室内的作者"也有可能幽闭于文学消费与再生产的循环中，如置身"黑暗的涧谷"。（页201）

如何跃出"黑暗涧谷"？从沈从文《绿的花瓶》中，姜涛读出另一种主体形象，从感伤的零余者到坚韧的写作者。在不知伊于胡底的深渊之上，重建生活的根基，只能靠枯燥的"硬写"。

写作对籍籍无名的文学青年而言，不仅是谋生的手段、晋身的阶梯，更是与虚空、与时间抗争的武器，是自我救赎的宗教。

写作改变了"我"与外部世界的关系：公寓之外不再是需要迫切参与的世界，"我"已经谙熟其间的陷阱及游戏规则，甚至自比为"一个以淫业为熟练技术的有经验的妇人"（沈从文《此后的我》）。当外部世界的权威被戳穿，沈从文《公寓中》那个自虐的都市漫游者，化身为一个冷静的旁观者，一个游刃有余的讲故事的人，"'黑暗涧谷'似乎从潮湿的历史边缘处，耸立了起来，变成了一个安身立命的可能所在"（页183）。

经由写作主体的转换，沈从文在"黑暗涧谷"上建起自己的塔，并非为艺术而艺术的"象牙之塔"，姜涛将这塔定义为"一个间离的批判位置"。"间离"与"介入"看似是相反的运动过程，但"场"的分离，"风景"与"自我"的相互疏远，往往是"介入"的前提。"间离"的位置，既是现代学术的立足点，也是人文学成为专门之学付出的代价：

> 在这样的位置上，他对文学"志业"的捍卫，也不简单是在维护某种抽象的文学自足性，在变动不居的中国情境中，赋予文学生活一种"脱域"之后"再嵌入"的历史品质，一种伦理重建、主体重建的努力，就蕴含在他那些时而冷峭、时而高亢的表述中。对于一个最终没有从"室内"走出的作者来说，这未尝不是另一种挣脱的方式。（页234）

沈从文在整本书中的位置十分特别，不只是一个核心个案，也是姜涛由新诗研究转入1920年代文学与社会这一领域的出发点。在"黑暗涧谷"上造塔，与其说是沈从文的文学态度与人生抉择，毋宁说暗示了作者的研究立场、学术抱负及主体觉悟。

（原刊于《读书》2016年第10期）

图书在版编目（CIP）数据

此时怀抱向谁开 / 袁一丹著. -- 上海：上海文艺出版社,2020(2023.1重印)
（六合丛书）
ISBN 978-7-5321-7568-0
Ⅰ.①此… Ⅱ.①袁… Ⅲ.①随笔—作品集—中国—当代
Ⅳ.①I267.1
中国版本图书馆CIP数据核字(2020)第040268号

发 行 人：毕　胜
责任编辑：肖海鸥
封面设计：常　亭

书　　　名：此时怀抱向谁开
作　　　者：袁一丹
出　　　版：上海世纪出版集团　上海文艺出版社
地　　　址：上海市闵行区号景路159弄A座2楼　201101
发　　　行：上海文艺出版社发行中心
　　　　　　上海市闵行区号景路159弄A座2楼206室　201101　www.ewen.co
印　　　刷：苏州市越洋印刷有限公司
开　　　本：880×1230　1/32
印　　　张：9.25
插　　　页：2
字　　　数：183,000
印　　　次：2020年4月第1版　2023年1月第3次印刷
ＩＳＢＮ：978-7-5321-7568-0/G.0278
定　　　价：48.00元
告　读　者：如发现本书有质量问题请与印刷厂质量科联系　T：0512-68180628